孩子的优秀是训练出来的

柴一兵◎编著

$E=mc^2$

$\sqrt{74}$

$90°$

北京工业大学出版社

图书在版编目（CIP）数据

孩子的优秀是训练出来的 / 柴一兵编著．—北京：
北京工业大学出版社，2015.4（2022.3重印）
ISBN 978-7-5639-4245-9

Ⅰ.①孩…　Ⅱ.①柴…　Ⅲ.①儿童教育－家庭教育
Ⅳ.①G78

中国版本图书馆CIP数据核字(2015)第050497号

孩子的优秀是训练出来的

编　　著：柴一兵
责任编辑：韩　东
封面设计：胡椒书衣
出版发行：北京工业大学出版社
　　　　　（北京市朝阳区平乐园100号　邮编：100124）
　　　　　010-67391722（传真）　　bgdcbs@sina.com
经销单位：全国各地新华书店
承印单位：唐山市铭诚印刷有限公司
开　　本：787毫米×1092毫米　1/16
印　　张：14
字　　数：193千字
版　　次：2015年4月第1版
印　　次：2022年3月第2次印刷
标准书号：ISBN 978-7-5639-4245-9
定　　价：39.80元

前　　言

有一个出身普通家庭、资质平平的孩子，他爱读课外书，爱下棋，爱养宠物；他不搞题海战术，不上辅导班和兴趣班，甚至从不熬夜学习。但就是这个孩子，中考张家港市第一，2009年高考江苏省状元。他叫吴敌，他能取得如此的成绩，靠的是父母用心血为其训练出来的强大的学习能力。

熊慰，2004年以高分夺得武汉市高考理科状元，2008年被美国哥伦比亚大学录取为直读博士，并获得23.2万美元的全额奖学金。他的成才，同样饱含着父母的心血。他讲究学习方法，注重今日事今日毕，他有别人没有的学习能力。

湖北10岁的小学生王帆，发明了双尖绣花针，被中国发明协会授予专项发明奖。他想别人不敢想，善于另辟蹊径，靠的是独特的思维能力。

太原一位中学生出版了一部15万字的侦探小说《夜案》，被业界誉为"中国第一部中学生侦探小说"。他懂得学以致用，有着灵活的知识应用能力。

财商教育专家任宪法的女儿格格，7岁开始用劳动赚钱，8岁时开发出自己的"产品"，9岁时就在班里做了第一笔"生意"，曾和爸爸共同开发了"小天才儿童创富游戏"，是个财商极高的孩子。她小小年纪，能做这么多同龄孩子做不了的事，得益于爸爸对她理财能力的训练。

……

这些孩子，谁能说他们不优秀！他们的优秀，让多少同龄人羡慕，也让许多成年人自愧不如。他们每个人都有自己独特而强大的能力，然而他们的能力绝非与生俱来的，而是通过后天训练获得的。他们成功的道路上，除了自己的辛勤努力，父母付出了巨大的心血。所以我们说，孩子的优秀是训练出来的。作为家长，只要你用心去做，你的孩子同样可以很优秀！

现代社会，每一个角落都充斥着竞争，这要求孩子必须掌握各种应对技能，以便在离开父母羽翼呵护之时经得住风吹雨打。

训练这些能力，不只是为孩子将来踏入社会做准备，也是孩子当前身心发展和快乐生活的需要。打个比方，就像社交能力，在孩子小的时候培养，孩子能体会到与同伴交往的乐趣，这是有利于孩子快乐成长的。这是本书的一个要点。

不少人都认为，大学之前的学习都是基础学习，学过的知识现在用不上，将来才会用上，所以不关心孩子的实践能力。这其实是知识无活力的认识误区，直接导致了孩子的创造力低下。如果认为学习知识只是为了将来某一天能派上用场，那么哪一天算是某一天呢？本书通过对孩子们知识无活力化原因的分析，给出了让知识充满活力的方法。这是本书的一个亮点。

本书运用案例、故事和阐述相结合的方式，生动地为家长介绍了各种能力的重要性和训练方法，以及这些能力能够带来什么样的神奇效果。每种方法都具体实用，只要家长愿意，都可操作，是家长引领孩子挑战自我、走向成功的得力助手。

目　录

第 1 章　独立能力训练

第 2 章　学习能力训练

第 3 章　思维能力训练

第 4 章　社交能力训练

第 5 章　表达能力训练

第 6 章　创造能力训练

目
录

3

第 7 章　自制能力训练

第 8 章　高效能力训练

第 9 章　应用能力训练

第10章　理财能力训练

第11章　合作能力训练

第 1 章　独立能力训练

只有独立，才能生存

美国心理学家曾对1500名正常儿童进行长期追踪观察，30年后发现，20%的人没有取得什么成就，这些人与其中成就最大的20%的人相比，最显著的差异不在于智力，而在于个性品质不同——成就显著者都具有良好的独立性和坚强的毅力。可见，独立性对孩子的成长是重要的。

独立性是现代人格素质的重要方面，是指生活上能够自理，学习工作中能够独立完成各项任务，碰到问题和困难能够独立自主地做出决策并会实施，不轻易受他人思想的左右而改变主意。独立性对于孩子的生活、学习质量及日后发展都具有非常重要的影响，是一种让孩子受益终身的素质。

欧美国家的父母早已认识到独立对于孩子的重要性，普遍重视孩子独立性的培养。他们认为，孩子年龄虽小但是一个独立的人，所以他们对孩子的锻炼往往从一出生就开始了：让婴儿单独睡在自己的小床里，孩子还在很小的时候就让他们单独睡在自己的房间；教育孩子自己走、自己跑，跌倒了自己爬起来；上小学后，不但指导孩子通过送报、推销商品、当小工等自己挣一些钱，还鼓励他们多干些家务活。这样训练出来的孩子一般都具有很强的独立能力。

我国却不一样。我国大多数父母对孩子的事情是全方位"包办"，孩子在家不用做任何事情，过着衣来伸手、饭来张口的生活，甚至有不少孩子上高中了还没有洗过衣服。这使孩子从小就失去了独立性，长大后也是事事依赖父母，给孩子以后的独立生活带来了极为不利的后果，着实让人担忧！

　　"天才少年"魏永康13岁以高分考入湘潭大学物理系，成为当时湖南省年龄最小的大学生，17岁考上中科院的硕博连读研究生，这一光辉经历让很多人羡慕不已。

　　魏永康的妈妈认为，孩子只有专心读书，将来才会有出息。于是，她将本来应该由儿子做的事情都揽到了自己身上，包括给儿子端饭、洗澡、洗脸、洗衣服。6岁前的魏永康除了被妈妈关在家里背古诗、认汉字、识数算题之外，妈妈不让他做任何事。他不用自己吃饭，不用自己穿衣，不用自己选择日用品，也不能和伙伴玩耍，他的一切事都由妈妈安排得"妥妥当当"。大学时期，妈妈也一直陪在儿子的身边，照顾他的饮食起居。

　　考上中科院高能物理研究所研究生后，魏永康来到北京读书。他认为自己已经长大了，执意不要妈妈"陪读"。然而，突然没有了妈妈的照料，极度缺乏独立能力的他根本适应不了，不仅学习受到困扰，就连日常生活也无法自理。冬天里的一天，魏永康竟然只穿着单衣、趿着拖鞋去天安门逛了一圈，周围的游客像看怪物一样使劲盯着他。

　　由于长期生活不能自理，加上知识结构不适应中科院的研究模式，已经读了三年研究生的魏永康最终被劝退回家。

　　魏永康遭遇如此尴尬的人生经历，原因就是他在母亲的"包办"下失去了独立性，失去了独立思考的机会，失去了自我管理的能力，失去了一个作为独立的人的生存能力。所以我们才说，只有独立，才能生存。

　　孩子总是要长大的，总是要离开家庭、父母独立于社会生活之中的，所以教会孩子早一点学会独立，对孩子成长的意义是非凡的。总的来说独立性带给孩子的好处有下面几点：

◆有利于孩子尽快适应社会

　　独立性强的孩子通常适应能力强，当周围环境发生改变，或出现新事物、新关系时，不仅能够保持稳定的情绪，而且能够表现出主动、积极的探索倾向，以适应新环境、认识新事物。

◆有利于孩子养成自信的生活态度

2~3岁是培养孩子独立自主的关键期，在这一时期用正确的方法引导孩子做自己应该做的事情，可以培养并增强他们的自信与成就感。当孩子充满自信时，学习愿望就会较强，所达到的效果也会更好。

◆有利于孩子责任感的形成

一个人的责任感强烈与否，很大程度上取决于其独立能力的形成。独立能力强的孩子，往往敢于承担责任，而且有能力承担责任，责任感也相对较强。而只有树立强烈的责任感，才能自觉承担一些应该而且能够承担的责任，敢于面对生活的挑战，独立思考问题和解决问题。

◆有利于促进孩子智力的发展

孩子自我服务的活动其实就是一个发展手的动作、锻炼技能的过程，是培养劳动观念的过程，是培养独立自主性格的过程，这些过程的实现能够促进孩子思维能力的发展，有利于孩子智力水平的提高。

可见，培养孩子的独立性，带给孩子的不仅仅是眼前的会自己吃饭、穿衣、洗漱、整理图书与玩具，使孩子的动作技能更加协调，而是具有更加深远的社会意义。

孩子推开你的手时，请放手

我们中国的孩子独立能力差在世界上是出了名的，这已经成为一种被国际友人津津乐道的"中国特色"。"China one?No!"这是世界部分著名学府对我们中国孩子的态度，它们拒绝接收中国独生子女入学就读。原因不是对来自中国的"教育投资"不屑一顾,而是实在惹不起中国家庭中的"小皇帝""小公主",瞧不上他们的动手能力、自我服务能力、意志力、团队精神……还有那火暴脾气。

中国孩子被贬得一无是处,难道真的是孩子的过错?不!虽然问题出现在孩子身上,但"病根"在家长身上。有的父母认识不到独立性对于孩子的重要性,认为孩子还小,不需要培养独立的能力,待长大了独立能力自然就具备了,致使孩子失去了从小锻炼独立性的机会;有的父母过分溺爱孩子,舍不得让孩子做事,孩子的独立意识与独立能力被所谓的"爱"完全吞噬;有的父母一心为了孩子的学习与前途,把孩子除了学习以外的所有事情都"归为己有",剥夺了孩子动手和独立思考的机会,使孩子除了学习外什么都不会做。这些父母不知道,就是他们的"一手操办",害了孩子,而且这种伤害有时甚至是毁灭性的。

看来,训练孩子的独立能力必须引起父母的高度重视,而且刻不容缓。训练独立能力,意识需要先行。所以,父母必须首先从思想上认识到独立性对于孩子的重大意义,当孩子推开父母的手时,父母应该支持而不是反对。

◆独立性是孩子成长的需要

1岁左右的孩子,在迈出人生中独立行走的第一步时,心中充满了好奇和喜悦,这是孩子身体独立能力的展示,代表着独立意向开始萌芽,比如走路时会推开家长的手,表现出一种"自己来"的要求。

2岁左右是孩子独立性发展最快的一个阶段,此时孩子表现出最初的自我概念,以第一人称"我"称呼自己,这标志着孩子独立意识的形成,也表明他开始意识到自我的存在,并尝试着与周围环境进行积极互动。

2岁之后的孩子,开始闹"独立",开始出现"给我""我要""我会""我自己来"等自我独立性意向,吃饭不让喂,要自己吃;当成人帮他把被子叠起来时,他偏要重新打开"自己来叠"……这标志着孩子的自我意识有了一定的发展,主观能动性越来越大,不再被动地听任成人摆布,对成人的指示和安排有越来越大的选择性。

孩子表现出来的独立意识，是孩子成长过程中必不可少的一步，是孩子自身发展的需要，也是孩子可喜的进步，对于孩子的健康成长是十分可贵的。

◆独立性是孩子自我发展的一种动力

孩子的成长过程中，需要建立一种可持续发展的机制，使目前受到的教育与训练能为若干年后孩子步入社会提供服务。独立性是能够保持可持续发展的一种动力，这个动力是家长所不能给予的，所以孩子需要依靠自己来获取充足的动力，以推动身体、大脑的生长发育正常进行。

◆独立性是时代对儿童素质的要求

独立是现代人必备的素质，是健全人格的重要组成部分，是人能够立足于社会、发挥其潜力的基础。试想，一个连基本生活都不能自理的人，谈学习、生活、工作，那不是一句空话吗？想取得辉煌的成就，那更是空中楼阁。而一旦孩子能够沿着独立的道路前进，深藏在他身体内部的各种潜能便能够被充分地激发出来，以满足社会发展的需要。独立性强的孩子通常会发展得更顺利、更好，独立性差的孩子发展就相对较差，这也是社会的需求造成的。

所以，在孩子开始想要挣脱你的怀抱或推开你的手的那一刻，父母不要多想，请放开你的手，协助孩子完成他要做的事情，并给予孩子及时的鼓励。也就是说，从这一刻起，你就已经开始了对孩子进行独立意识和独立能力的训练。你做得很棒，不要觉得这太早了，训练孩子的独立性，越早越好。

独立，从自理开始

每个孩子都需要离开父母去独立生活，而独立生活离不开好的自理能力，否则生存都面临威胁，还谈什么其他的发展。

一只虎皮鹦鹉被主人养在鸟笼中，每日衣食无忧。后来，主人看见其他的鸟儿在大自然里自由自在地生活，觉得虎皮鹦鹉整天被关在笼子里很可怜，于是就打开笼子将它放回了大自然。主人以为鹦鹉从此会过上幸福的生活，可没想到，几天后鹦鹉却死于饥寒交迫。因为它既不会筑巢，也不会寻食。

现代社会处处充满竞争，要想在这个时代生存、发展，必须具备良好的适应能力。而缺乏生活自理能力的人，就会像那只虎皮鹦鹉一样难以适应。

《中国教育报》曾报道，一位18岁的硕士研究生，由于成绩优秀，被指定为留法预备生。可是，他一想到"马上就要到国外去，离开了父母生活怎么办"，他就失眠。后来到了国外，他的生活不能自理，每天忧虑、焦急，导致身体越来越差，结果在语言学院学了半年，就休学了。

出国留学本来是一件令多少人羡慕不已的好事，却因为生活无法自理而不得不放弃，这和上面所说的那只虎皮鹦鹉没有什么区别。所以，要独立生活，学会自理是必需的。

自理，就是自我管理、自我服务，简单地说就是自己照顾自己。自理能力是孩子从依赖走向独立的前提和基础，是孩子学会照顾自己衣食住行的必备能力，这会帮助孩子逐渐摆脱对父母的依赖，成为真正独立的人。自理能力不是天生的，它需要后天的培养和锻炼。所以，父母一定要在爱孩子的同时记住自己的教育责任，那就是训练孩子的生活自理能力，让孩子从小做自己能做的事情，养成不依赖他人的习惯。父母可以从以下几个方面着手，训练孩子的生活自理能力。

◆**尽早开始培养**

训练孩子的自理能力，要尽早开始。就在孩子萌发出独立意识时，就可以教他走路；孩子咿呀学语的时候，就可以让孩子做一些简单的动作，做一些孩子力所能及的事情。例如，有意识地让孩子给你拿一些东西，或把一点小的东西丢在地上让孩子捡起来；小手脏了，看着他自己洗手，并教他怎样洗干净。自理能力培养开始得越早，孩子就能越早地养成自己做事的习惯，独立能力也就越强，长大后也才能越早地独立生活。

◆**要有足够的耐心**

教孩子学会独立地行走、吃饭、如厕、自己睡觉、穿脱衣服、洗澡、清晰地表达自己的意愿等，是最基本、最重要的一个教育过程，而孩子学习这些，一般比父母替他做麻烦得多，用时也更多。对于父母来说，这比起替孩子做所有事情来得更难些，所以父母需要有足够的耐心。如果父母没有耐心，孩子就会自暴自弃，不能掌握应该掌握的技能。长此以往，孩子就什么都不会做，独立能力更无从谈起。

事实上，每个人都一样，不论做什么事情，都要经历一个从不会到会的过程。孩子学习自理也一样。父母若嫌麻烦，什么事都替他做了，就等于剥夺了孩子自我锻炼与自理能力提升的机会。父母一定不要忘记自己的角色，是一个教育者、引导者，而不是一个保姆。如果用保姆的角色行事，父母是轻松了，带给孩子的却是日后成长道路上绕不开的障碍。

所以，父母一定要让孩子自己去尝试，自己动手去做，用足够的耐心引导孩子学会生活自理。当然，孩子也绝对不会让你失望，慢慢地，你会看到孩子独立行走、奔跑、穿脱衣服、上下楼梯、捡起掉落的物品、自己洗澡、自己刷牙、自己收拾玩具等，那种喜悦不仅仅是你所收获的，更重要的是洋溢在孩子脸上。

◆培养孩子的自理意识

要训练孩子的自理能力，首先要培养自理意识。长期以来，不少父母对孩子的事情都是全部代劳，使孩子形成"只要我不愿意做的事情，父母就会帮我去做"的意识。这种意识显然是不能适应社会发展需要的。因此，父母要通过各种形式让孩子知道，自己已经长大了，要学会自己的事情自己做，更要让孩子意识到，自己有能力管理自己的生活。在责任与信心的双重鼓舞下，孩子会学得很快。

◆从简到难，循序渐进

孩子的身心发育有其规律和特点，是一个从低级到高级的过程，孩子各种能力的发展也是随着年龄的增长而递增的。所以，教孩子学会自理时，应该遵循一个由简到繁、由易到难的原则，循序渐进地一步一步来实施。孩子最先学会的往往是最简单的动作，然后才开始学习较复杂的动作。比如，孩子吃食物的动作发展顺序一般是先学会用手抓东西吃，接着学会用手捏东西吃，最后学会用勺舀东西吃；学习用勺时，孩子先学会用勺舀东西，然后学会把勺送进口里。因此，父母应该遵循孩子动作发展的规律，把握好训练的进程，这样才能不急不躁地教会孩子学会生活自理。

另外，可以为孩子的成长制定一个系统的目标，这对孩子的发展非常有利。例如，在培养孩子独立吃喝方面，1岁时教孩子用小勺吃饭；到1岁半左右，就要教孩子左手扶碗，右手拿勺自己独立吃饭，还要教他用双手拿着杯子喝水，饭后用餐巾擦嘴。到2岁半左右，孩子就能干净利落地吃完一顿饭。又如，3岁的孩子可训练吃饭、洗手、刷牙等；4岁的孩子可学习折叠被子、整理床铺及自己照料生活；五六岁的孩子要求穿脱衣服迅速、整齐，洗脸洗手要洗得很干净等。

◆发挥游戏的力量

游戏是孩子一天中不可或缺的活动，也是孩子最感兴趣的活动，所以把培养自理能力的活动融入游戏中，是有意识地对孩子进行自理能力训练的有效方法。孩子不仅能从中轻松地掌握自理技能，还能体会游戏带来的乐趣，增强学习的兴趣和信心。

比如，孩子不会扣扣子，可让孩子玩一些穿珠子、小物装瓶、盆内摸鱼、剪纸等游戏，发展孩子的精细动作，对做像扣扣子这类事情都有帮助；孩子不会使用勺子，就多让他练习拿小铲子将沙土装入桶中，这一动作熟练后，学习使用勺子就方便了；玩替娃娃穿衣服的游戏，能帮助孩子自己穿脱衣服；收拾玩具和房间比赛游戏，穿衣服比赛游戏等，有利于训练孩子的自我服务能力。

◆教孩子自理方法

要让孩子做到生活自理，必须让他明确生活自理的方法。孩子不知道怎么系鞋带，就谈不上系好鞋带；孩子不会洗脸，就谈不上把脸洗干净……也就是说，即使孩子有了自理意识，如果缺少自理的技巧，就是想做也做不好。所以，父母还要教孩子学会具体的生活自理方法，孩子才能学得快、做得好。

一般情况下，将做某件事的整体动作进行分解，一步一步地教给孩子，孩子往往容易掌握。比如，教孩子穿衣服前，可把步骤简单地给孩子说一遍，在实际动手时再按步骤予以讲解，如该穿袖子了就告诉孩子现在要穿袖子，请孩子把胳膊伸到袖子里，这样孩子就知道自己正在干什么，下次再做同样的动作，孩子就会印象深刻。

◆多鼓励孩子

孩子做完一件事后，不管他做得好不好，父母都要先给予鼓励，赞扬他做得对的地方。对于孩子有失误的地方，要帮助他找到问题所在，告诉他如何做好。这样，既能保护孩子自理活动的自觉性、积极性，又能不断提高自理能力。

当孩子把事情做好之后，父母要表现得特别高兴、开心，并鼓掌祝贺，让孩子知道，他把事做好了爸爸妈妈就特别高兴，可以提高孩子做事的兴趣，也能让孩子从成功中获得愉悦感和自豪感，增强孩子的自信心，对锻炼孩子的自理能力非常有利。

抓住关键训练独立能力

对独生子女父母来说，不在幼儿时期训练孩子的独立生活能力，将是一个后患无穷的事情。和其他能力的训练一样，这种能力的训练也是一个长期而烦琐的工作，需要父母和孩子一起付出努力，方可取得成效。但是，无论做什么事情，都得抓住关键，关键问题解决了，其他事情便可迎刃而解。训练孩子独立能力的过程中，如果能抓住关键，必将取得事半功倍的成效。

◆珍惜孩子的独立意向

2~3岁是孩子形成各种习惯的最重要时期，因为此时孩子身上不仅有着事事都要自己干的独立欲望，同时也有缠着妈妈撒娇的强烈依赖性。这时，父母若能珍惜孩子的独立意向，利用好这一时机，就能帮助孩子养成独立的好习惯；如果错失良机，独立习惯的训练将变得更加艰难。

训练过程中，不要为孩子设定过多的限制，否则容易削弱孩子主动探索和认识外部世界的能力。比如，有的父母经常将会走的孩子抱在怀里，或经常让孩子坐、站在带围栏的小床里。这种保护看似是为孩子安全考虑，实际上压制了孩子独立性活动意向，不利于孩子的身心发展。父母要做的就是，解放孩子的手脚，让他做一些力所能及的事，尽早培养独立自主性，为形成良好个性打好基础。

珍惜孩子的独立意向，除了要抓住关键时期外，还要注重对孩子的态度，才能收到理想的效果。心理学家指出，学龄前尤其是4~5岁的孩子，已有了越来越大的主观能动性，对成人的安排会表现出一定的反抗，如果处理不当，一味训斥、惩罚等，就会导致孩子发展的"危机"，使孩子日后遇事要么畏首畏尾，要么过于执拗，即使意识到错误，也仍然逆向而行。所以，父母一定不要当众斥责孩子"不争气""笨蛋""没出息"等，这样会深深伤害孩子的自尊心，要多用"请""谢谢""辛苦了"等词汇表现出平等的态度给孩子说话，防止孩子产生对立情绪或厌恶心理。

◆**相信孩子能行**

大多父母认为孩子小，什么都不会做，给孩子喂饭、清洗、穿衣等是自己的职责，所以事事亲力亲为。研究表明，当孩子表现出独立需求的时候，不论是在身体方面还是智力方面，都具有完成自己吃饭、穿衣、走路、洗漱等的能力；同时，当孩子学会了走路时，他就乐意走来走去，帮大人拿东西；一旦学会了用勺子吃饭，他就喜欢不断地练习这一技能……这就是培养孩子独立习惯的时机。而且，当孩子独立活动的要求得到某种满足或受到支持时，孩子就会表现出得意、高兴，出现自尊、自豪等最初的自我肯定的情感和态度，否则就出现否定的情感和态度。

看来，我们的父母需要改变自己的传统观念，重新认识孩子，把孩子能做的事情放手交给他去做，当然该指导的时候则需给予孩子指导，这样坚持下去，孩子的独立意识、动手能力、劳动观念等都将逐渐形成，自信心大增，独立做事的能力也必将获得提高。

◆**最大限度地尊重孩子**

孩子从一出生开始就是社会上的一个独立个体，就获得了受尊重的权利，其中就包括父母的尊重。实践证明，受到父母充分尊重的孩子，大多待人友善、懂礼貌、举止大方、自我独立意识强。心理学家认为这是孩子受到应有尊重的良好反应。一方面，将孩子视为一个独立的个体，他就会从小意识到自己是家庭中的一员，每一个成员之间都是平等的，他并不是谁的附属品，就是独一无二的自己，自己和别人一样也有受到尊重的权利，这有利于帮助孩子建立自尊。而只有懂得自尊的人，才能谈独立生存。另一方面，将孩子作为一个有思想、有看法、有需求、有情感的独立的人来对待，正视孩子的存在，孩子就会感到自己的存在和被重视，自信心就会建立起来。有了自信心，独立能力培养也就容易多了。

有些父母对尊重的理解比较片面，认为尊重孩子就是满足孩子的一切需要，对孩子姑息迁就、百依百顺。这样做的结果往往使孩子养成"任性""唯我独尊"的坏毛病。真正的尊重体现为认真听取孩子的想法与意见，细心观察、用心领悟孩子的愿望，肯定孩子的努力，赞扬孩子的成功，给予孩子最多的鼓励，把孩子当作朋友。总有一天，你会发现孩子不用你的帮助，也可以解决所有的问题。

◆让孩子受点"苦"

早在一百多年前，俄国著名作家屠格涅夫就说过："你想成为幸福的人吗？但愿你首先学会吃得起苦。能吃苦的人，一切的不幸都可以忍受，天下没有跳不出去的困境。"这句话在今天仍是一个真理。尽管如此，将孩子养育在蜜罐里的父母还是大有人在，由于他们那一辈受了很多苦，所以舍不得再让孩子吃苦，给孩子提供无忧无虑的生活。然而，他们没有意识到，自己原本无私的"爱"在时间的推移下慢慢变质，成为让孩子在成长中吃尽苦头的"罪魁祸首"。

其实，我们这里说的"受苦"，并不是让孩子吃不饱、穿不暖，也不是让孩子做很重的体力劳动，而是让他们做自己应该做的事情，承担自己应该承担的责任，让他们理解父母的不易，逐渐提高独立生存和适应社会的能力。作为合格的家长，我们应该顺应时代的要求，转变观念，支持孩子"受苦"。

让孩子受点苦，不是一本正经地对孩子说"今天我就要让你尝尝受苦的滋味"，而是让他参加力所能及的社会劳动，通过劳动获得生存的本领与成功的喜悦，学会珍惜劳动成果，增强生存能力。当孩子在劳动中尝到了"苦"，自然也就能感受到父母的"亲"，在责任与意志面前不仅会要求"自己的事情自己做"，还会努力做到"家里的事情帮着做，不会的事情学着做"，同时学会尊重和体谅，常怀感恩之情。

◆给孩子适度的自由

实践证明，自由空间较大的孩子更独立，他们能够在社会中找到更广阔的天空，寻找更适合自己的机会，用各种方法证明自己的能力。而那些习惯于活动在父母视线范围内的孩子，受父母的紧紧监管，就像失去了翅膀的鸟儿，无论是学习、生活、工作都缺乏自主性，处处受人摆布，被人嘲笑为"长不大的孩子"。

中国父母对孩子的爱，尤其体现在吃饭上，他们让孩子多吃，给孩子使劲喂，只要孩子多吃就好，也不管孩子爱不爱吃。美国父母也关心孩子一天的饮食，但他们从不硬逼孩子多吃饭，他们会在桌上多摆几样菜，孩子喜欢吃哪样或者不喜欢吃哪样，都由自己决定；孩子说吃饱了，就可以立即放下刀叉，甚至离开饭桌。事实证明，两种方式培养出来的孩子在独立性的表现上也是不同的，美国孩子的独立能力要强于中国的孩子。

所以，父母应该给予孩子自由的发展空间，让他们在这个空间里自己做主人，尽情地施展自己的拳脚，锻炼自理能力、独立习惯及生存本领。但是，给孩子自由并不等于放任不管，不是孩子做得对与不对都不闻不问，也不是对孩子言听计从，这个尺度父母一定要把握好，否则孩子很可能养成任性、懒散的不良习惯，对日后的发展极为不利。

第 1 章 独立能力训练

15

教孩子学习一些生存技能

社会心理学家曾做过一项有趣的调查，结果发现，亲子之间的纠纷，大多源于子女过分依赖父母，使父母感到力不从心，子女则因为某些要求没得到满足而埋怨父母无能。那些从小习惯于大小事都依赖父母的孩子，自理能力都比较差，独立性也差，遇事总是指望着父母一帮到底。随着子女的需求和父母的能力之间差距的越来越大，相互间的不满和怨言也与日俱增，以至出现纠纷和冲突。

高山的父母是一对农村夫妻，他们平时省吃俭用，但从来不亏着儿子。高山小的时候，妈妈总是对他说："你只要把学习搞好就行了，家务活不用你干，想买什么你就说话，妈妈给你买。"一次，高山看见邻居家的孩子拿着一辆赛车玩，他也想要，可当时家里连生活费都不够，于是妈妈卖了一头猪，凑够了钱，给高山也买了一辆。一年暑假，学校组织学生参加户外实践活动，高山想参加，但妈妈说太苦，有蚊子，有虫子，要走山路，没让他去。就这样，他们靠种地辛辛苦苦把儿子养大，供儿子上完大学。

大学毕业后，高山上了班，有了收入，父母就不再给他零花钱。可是进入社会的高山不但要用好的、吃好的，还要追时髦，钱根本不够花。一天，父母卖了房子，把所有的钱都给了儿子。哪知儿子竟很快又把钱花光了，父母这回真的是没有办法了。"如果你们不能给我提供一辈子的优裕生活，为什么让我从小就养成这种习惯？"儿子用埋怨的口气说。他们万万没有想到，为了儿子辛苦了一辈子，最后换来的却是儿子的怨恨。

高山的家境并不富裕，但父母就是不吃不喝，也要让儿子过上和有钱人一样的生活，这样儿子根本体会不到钱的来之不易，慢慢对养尊处优的生活习以为常，直到走进社会的那一天，才发现自己的收入根本养不起自己，从此生活在痛苦之中。表面上看，父母是"爱"儿子，结果却"害"了儿子。要解决这样的问题，最根本的办法就是教孩子从小学习一些生存的基本技能，把孩子培养成一个能够独立生活的人。

◆鼓励孩子动手实践

动手实践是孩子适应社会的基本技能之一。孩子只有动手实践，才能真正学会解决问题，才能真正摆脱对父母的依赖，养成独立的习惯。

现实生活中，不少父母一看到孩子自己动手摆弄东西，就大呼小叫地制止，一是担心孩子受伤，二是怕把物品搞坏。这就限制了孩子动手实践的机会，对训练孩子的独立能力非常不利。专家指出，父母不仅不能限制孩子动手实践，还要为孩子创造良好的锻炼机会，帮助孩子养成独立的个性品质。

如果有一天，你发现孩子把家里的闹钟大卸八块，不要急于上去制止，首先要表现出没有责备他的意思，然后引导他仔细观察每个零件，最后鼓励他把闹钟重新装好。这个鼓励一定要让孩子知道，妈妈相信他一定能装好，这样孩子在自信的力量推动下就真的能完成这个任务。或者，当孩子的小自行车突然走不动了，你不要去修，鼓励孩子仔细观察车链、车轮、车闸，查找原因，也许孩子会在你的鼓励与启发下发现问题，并动手解决问题。

通过类似这样的动手实践活动，孩子不仅能够养成良好的动手能力，还能对未来的挑战充满更大的热情。

动手实践的过程是对孩子综合能力的检验，孩子也只有在实践中才能真正地了解自己。如果孩子在操作过程中没有取得预期的效果，父母一定不要冷嘲热讽，而是要帮助孩子，并把信任传达给孩子，让孩子肯定自己的能力，最终在父母的信任与鼓励下战胜困难。

◆教孩子学做家务

做家务是独立生活的又一基本技能，也是培养独立能力的最佳起点。让孩子从小做家务，不仅可以帮助孩子形成自我意识，建立自信心，更有助于孩子形成独立的人格，培养心理上的安全感，还可以学到很多日常生活中的科学知识等，这些都能为孩子以后的成长打下坚实的基础，而且大多数孩子对家务活都特别感兴趣，所以父母不能剥夺孩子做家务的权利，要在孩子能力允许的范围内，引导他们参加家务劳动，提高他们的自理能力。

父母可以选择孩子感兴趣且力所能及的一些家务活，如将洗好的衣物配对、摆放、折叠，掸灰尘，整理书籍杂志，餐前摆放餐具，把自己用过的碗碟收进水池，清洗塑料碗碟，浇花等，引导孩子去做，当然开始时能和孩子一起做是最好的，这样孩子能从做家务中获得乐趣，慢慢就会喜欢上做家务。

由于性格、爱好不同，不同的孩子可能喜欢不同的家务活，男孩和女孩喜欢做的家务也可能不同，这需要家长有意识地去观察、去发现，然后针对孩子感兴趣的事情进行有意识的训练。

◆引导孩子合理安排时间

孩子年龄小，对时间没有什么概念，更不知道科学合理地利用时间对自己人生的意义。而能够合理地安排自己的时间，是孩子独立生活必须具备的一个技能，否则一天在无秩序之中度过，不仅浪费了宝贵的时间，还不能提高做事效率。所以，教会孩子合理、充分地利用时间，是父母的一项重要任务。

我们经常用"这孩子心里有数"这句话来形容一个孩子对时间的把握程度。"心里有数"的孩子知道自己在什么时间应该干什么，需要达到什么样的要求。实践证明，"心里有数"的孩子，父母操心的地方是最少的，因为孩子自己能掌握好自己的时间进度；而总让父母操心的孩子，他们没有时间观念，不会设立目标，事情一再拖延，丝毫不能体会成功与快乐的感觉。

因此，父母要引导孩子从小学会合理安排自己的时间，有条不紊地做事。比如，几点开始玩，玩多长时间；什么时候开始读书，读多长时间；什么时候出去运动，运动多长时间……让孩子先从日常生活中的小事开始尝试，等孩子有了一定的经验和成就感，再告诉孩子如何最有效地利用时间，如每天要知道自己需要做什么事，急事需要优先做，难事可以分解开来做，并引导孩子学会劳逸结合，养成珍惜时间的好习惯。

◆引导孩子适时交往

人的一生，时时处处都离不开交往。儿童时代，孩子是否善于交往、乐于交往，对他一生的发展很有影响。所以，要生存，就必须从小学会交往。

孩子从一出生就开始进行交往。0~6个月的孩子，通过与妈妈的对视进行交往，此时妈妈应多抱孩子，多和孩子说话。6个月后，孩子开始接受某些被动的交往训练，如家长会拉着孩子的手，向别人摇手说"再见"。

2岁半到3岁，孩子越来越喜欢和小朋友一起玩，这时孩子的语言交往不是很成功，他们几乎都在各说各的，但是他们会用身体动作或行为来表示自己要加入游戏团队，所以孩子会用身体撞、挤、推别的孩子，这些都是一种交往的手段。这时，父母要鼓励孩子主动交往，同时引导孩子学习一些交往技巧，如懂得与人分享、学会倾听、会和小朋友协商解决矛盾与冲突、遵守游戏规则等，还要教孩子养成一些良好的交往品质，如宽容、礼貌、诚实、谦让等，这样才能吸引小伙伴与孩子玩耍。

适时交往可以引导孩子认识更多的人，了解更多的事，交换更多的思想，获得更多的信息，不仅可以扩大孩子的知识面，掌握必要的学习和生活技能，还能让孩子在与别人的比较中认识自我，在别人的赏识中逐步变得自信强大。父母还要和孩子及时交流交往的感受，并适时给出建议，强化孩子的交往体验，使交往成为孩子稳定的行为方式。

让劳动成为一种习惯

劳动，对于任何一个人，都是安身立命之本。劳动创造一切，不论社会怎样进步，科学怎样发展，劳动永远是人们创造美好幸福生活的源泉。调查发现，不论智力、家庭背景或教育程度如何，那些童年时参加劳动的人比不劳动的人取得的成就更大、生活得更加愉快：安徒生做过学徒，爱迪生8岁种菜卖菜，高尔基当过童工、马克·吐温当过排字工人，美国前总统卡特9岁就成为机灵的小商贩……

美国哈佛大学的学者们在进行了长达20多年的跟踪研究后，得出一个惊人的结论：爱干家务的孩子与不爱干家务的孩子相比，失业率为1：15，犯罪率为1：15，离婚率与心理患病率也有显著差别。我国教育专家也做过调查，结果同样发现，在家中做力所能及的事的孩子，情绪较为稳定，心理问题较少，学习自觉性与责任感较强。这些都有力地证明了从小培养孩子良好劳动习惯的重要性。

苏联教育家苏霍姆林斯基说过："儿童高尚的心灵是在劳动中培养起来的。关键是要使儿童从小就参加劳动，使劳动成为人的天性和习惯。"习惯养得好，终身受其福；习惯养得不好，则终身受其累。然而，有些父母总以为让孩子享受最好的物质生活、不让孩子受一点委屈就是对孩子最大的爱，自然也不让孩子承担任何劳动和责任。殊不知，这种爱往往会把孩子推到无知无用的境地，使孩子缺失劳动技能，永远踏不出独立的一步。

所以，在孩子幼年时期，父母应当特别注重培养孩子的劳动习惯，帮助孩子掌握劳动技能，让孩子树立责任、自信、感恩等良好的个性品质，提高社会适应能力，为日后的独立生活奠定基础。

◆让孩子明白劳动的意义

孩子不爱劳动，不懂得劳动的意义可能是原因之一。父母要明确地告诉孩子，世间的一切财富，都是由劳动创造得来的，不劳动就不会有收获，不劳动就无法生存；劳动是一种光荣而高尚的品质，不劳动的人是可耻的、是寄生虫，最终会被社会所抛弃。而且，劳动不仅能增强体质，促进身体健康，还能促进智力发育，培养吃苦耐劳的精神，学会珍惜自己和他人的劳动成果，形成独立生活的能力。懂得了劳动的意义所在，孩子就会慢慢改变"饭来张口，衣来伸手""漠视劳动，四体不勤"的状态，从而热爱劳动、向往劳动、享受劳动。

◆父母应以身作则

在教育孩子养成爱劳动习惯的过程中，父母的言传身教对孩子起着潜移默化的作用。如果父母总是把劳动看成一种枯燥无味的差事，整天为了干家务活而抱怨，"上了一天班，这么累还得洗衣服""垃圾真多，又要下楼倒垃圾，还要爬上来，累死了"，或者有的父母之间总是为谁多干了、谁少干了而争吵不休，这会给孩子一个暗示：做家务是一件苦差事，而且没有什么乐趣。在这种环境的影响下，孩子无论如何也是不会喜欢劳动的。

相反，如果父母每天能够主动承担家务劳动，很开心地将它们做完，并请孩子欣赏自己的劳动成果，"来，看看妈妈打扫得干净不干净""咱们家是不是变得更整洁、更漂亮了"，而且主动帮孩子的爷爷奶奶买菜、做饭、打扫卫生，这些孩子都会看在眼里、记在心上。在父母以身作则的榜样力量下，孩子会觉得做家务是生活的一部分，像吃饭、睡觉一样自然和必要，他就自然会增强劳动意识，提高劳动自觉性。日后不用家长催促和监督，孩子也能自愿地承担起劳动的义务。

◆把劳动写进家规

家规是家庭成员共同遵守的生活规范和行为准则，常常是一种无声的命令，具有强大的约束力和督促力。明确、合理、可行的家规，其实是一种潜在的强大教育力量，可以帮助和教育孩子形成良好的行为习惯，有利于孩子的健康成长。把劳动写入家规，可以帮助孩子养成良好的劳动习惯。

家规的内容应该清清楚楚，让孩子明白自己每天应该做些什么，做到什么程度。具体实施时，引导孩子从小事做起，从一点一滴做起，如每天必须自己叠好被子、整理房间、收拾书包、买日用品、洗自己的衣服等。家规也应随着孩子的成长而做出改变。孩子长大一些，可以让他帮父母做一些事情，如每天负责倒家里的垃圾、给家里的花浇水，每周帮爸爸擦洗汽车等。总之，只要是孩子力所能及的事情，就让他去做，让他从中学会履行职责、担当责任，并日益成熟起来。

这样，把劳动融入孩子的一日生活之中，帮助孩子持之以恒地坚持下去，鼓励孩子自己的事情自己做、不会的事情学着做、会做的事情经常做、家里的事情主动做、别人的事情帮着做，孩子就会逐渐养成热爱劳动的好习惯，并从劳动中体会乐趣，收获可贵的个性品质。

◆不用劳动惩罚孩子

孩子犯错误后，或者为了教训和惩罚那些不听话、学习成绩不好或淘气的孩子，有的家长喜欢用劳动来惩罚他们，如"罚你打扫一个星期卫生""把家里所有的袜子都洗了"，使孩子形成"劳动是惩罚犯错的工具，是一种低贱的活儿""不犯错误就不用劳动"等错误观念，这样非但不能使孩子认识到自己的错误，还会误导孩子鄙视、敌意、恐惧和躲避劳动，使孩子慢慢丧失对劳动的兴趣和热情，形成无视劳动的不良习惯和品格。

所以，父母一定不要用劳动惩罚孩子，反而要引导孩子在劳动中体验光荣和尊重，并在劳动中感受成功与喜悦。

毋庸置疑，对孩子来说，劳动的作用不光是让他学会生活的基本技能，更重要的是培养适应社会的能力和坚韧不拔的毅力。从小养不成劳动的习惯，将来可就真要受苦了。所以，从现在开始，让我们一起重视对孩子的劳动教育，帮助孩子养成热爱劳动的好习惯，让孩子学会生存，走向独立！

第 2 章 学习能力训练

学习是一种能力

提起学习，很多人会联想到学生，认为只有坐在学校的教室里听老师讲课，才叫学习。其实不然，学生在学校里的学习，只是学习的一种特殊形式，学习还有更为丰富的内涵。人从一出生，就通过各种感官来了解这个世界，这就是学习；孩子玩游戏，从中发展各种动作，获取乐趣，也是学习；出去旅游，领略自然风光和名胜古迹的壮丽，同样是学习；孩子长大后参加工作，每天的工作本身也是一个学习的过程。所以说，学习不仅是读书、听课、做题那么简单，它是一种获取知识的能力，是一种提升素质的能力，是一种生存能力。

学习能力是指以快捷、简便、有效的方式获取准确知识、信息，并将它转化为自身能力的本事。学习能力包括多个方面，如注意力、观察力、记忆力、思维力、想象力、创造力、理解力、语言表达、操作能力、运算能力、听觉视觉知觉能力等。和其他各种能力的获得与提高一样，学习能力的获得与提高，关键同样在于掌握科学的方法。

达尔文说过："最好的学习是关于学习方法的学习。"联合国教科文组织也明确指出："未来的文盲不是不识字的人，而是不会学习的人。"这里的"不会学习"指的就是不懂得掌握科学的学习方法。掌握了方法，也就是我们通常所说的"会学习"。"会学习"的人，往往有着强烈的学习愿望，愿意接受学习、享受学习成果，同时善于学习、处处学习，常常能在短时间内或在玩的同时轻松掌握知识，并能很快领悟文字表面的道理，举一反三，触类旁通，学以致用。而"不会学习"的人，总是比别人花更多的时间，看起来更辛苦，学习效果却不能尽如人意。

"会学习"，无论是对于学生，还是对于迈入社会的人，都是一种能力的体现，而且是一种融汇着技巧、要领和习惯的综合能力。这种能力体现为：

◆知道学什么

读书、思考是学习，观察、创造是学习，理解、领悟是学习，分析、总结是学习；对比、找差距是学习；沟通、交流是学习；动手实践也是学习，甚至是更重要的学习。"会学习"的人把生活中的一切信息与资源都当作学习的对象，所谓"处处留心皆学问"。

◆知道从哪儿学，向谁学

书籍、报纸、杂志、网络等都是非常好的学习资源，"会学习"的人一般都会主动查阅资料，学习不懂的知识，去图书馆、上网是他们经常做的事情；"三人行，必有我师"，向身边的长辈、老师、朋友等人学习，不仅可以增长知识，还能丰富经验，学习做人的智慧和道理；向竞争对手学习，可以取人之长，补己之短，汲取竞争对手成功的经验，借鉴他们失败的教训，提高自己的综合竞争实力；从挫折、失败和磨砺中学习，可以吸取教训，收获克服困难的精神与坚毅的个性品质；从成功中学习，可以体会学习过程中的乐趣和成就感带来的喜悦，变得更加自信。

◆知道怎么学

"会学习"的人，凡事都抱着学习的态度，不放过任何一个可以学习的机会，他们善于计划，会合理安排时间，做事懂得轻重缓急，知道用科学的方法提高做事效率，并努力达到每一个目标。他们还重视良好习惯的养成，会树立终身学习的理念，并能持之以恒。

现实中，很多父母会在孩子学习成绩下降后或大考前，让孩子参加校外学科类的辅导班，给孩子买来大量的辅导材料，让孩子在家做大量的练习，还有的给孩子请来家教帮助孩子学习……从短期看，这种恶补虽然能提高一点成绩，但孩子的学习能力得不到提升，学习效率也就不能提高，一旦学习难度提高或新知识出现，孩子的学习成绩仍然会下降。所以，注重提高孩子的学习能力，让孩子"会学习"，才是家庭教育中的重中之重。因为具备良好的学习能力，就是日后知识再新、难度再高，孩子也能融会贯通，顺利掌握。

学习兴趣是持久的动力

不爱学习、成绩不好，不是孩子的错，而是教育方法出了问题。一味逼迫孩子，甚至不惜充当"监工"角色，"摁着牛头吃草"，势必适得其反。如果懂得人的生命发展中的主动性规律，让孩子获得学习中的快乐感与满足感，效果则能事半功倍。

而快乐感与满足感的获得，必须从激发学习兴趣入手。学习兴趣能驱动孩子主动学习，而且能帮助孩子克服学习中的困难，使孩子在轻松的学习中体会乐趣，这比被逼着学习的效果要好上成百上千倍。所谓学习兴趣，是指对学习内容或参与学习活动的兴趣。兴趣是人生神奇的"方向盘"，可以带领人踏上征途，一路披荆斩棘，欣赏美景，最终登上顶峰。

激发孩子的学习兴趣，无非有三种思路：一是引导孩子懂得为什么学习；二是降低学习难度；三是协助孩子发掘学习的乐趣。

◆引导孩子懂得为什么学习

孩子不知道为什么学习，为谁学习，当然就会缺乏学习动力。现在问问我们的孩子，"你为什么学习"，回答大致可归纳为两种：一是为父母而学习，一是为了挣大钱而学习。当孩子感觉学习是为了别人时，内心的学习意愿与学习动力受到的刺激明显不足，激励力量不够，学习兴趣就会大大降低。孩子年龄较小，对钱没有太明确的概念，更不知道"大钱"到底有多大，加上平时的衣食住行都由父母供应，他会认为挣钱是一件离自己很遥远的事情，所以"挣大钱"这个目的对孩子也不会有多大的激励作用。

如果让孩子觉得学习能满足自己的好奇心，同时能收获快乐感和满足感，那么不用别人催促和监督，孩子就会主动学习、积极探索，这种学习才是最有效的。所以，父母应该帮助孩子树立正确的自我观念，引导孩子学会关注自己的内心感受，让孩子懂得自己的成长、进步与个人的心理和行为直接相关，学习是为了满足自身成长的需要而不是为了别人，而且学习是一件必须做的事情。孩子在学习上有了自我意识，就不会再觉得是别人逼着他学习，从而变"要我学习"为"我要学习"，这样才能积极主动地参与学习。

◆降低学习难度

孩子不爱学习，还有一个关键原因，就是孩子觉得学习太难，总是不能体验到成功的感觉。如果让孩子觉得学习并不难，兴趣自然就提高了。这就需要减少知识总量，降低学习难度。父母可以帮助孩子把学习过程中的大目标科学地细分成若干个切实可行的小目标，每实现一个小目标，就是一次"小成功"，孩子就会从中得到一次激励，这样就会在不断获得"小成功"的过程中一步一步地走向"大成功"。

这就如同登山，先是500米，再达到1000米、2000米……最终才能到达山顶，而不是一步就能跨到山顶。如果把学习的目标定得太高，就像从山脚望向山顶，是那么的遥不可及，看着都害怕，怎么可能有信心去征服呢？所以，如果难度太大，孩子经过努力仍然学不会，失败几次之后就会失去继续努力的动力。理想的学习是"伸手够不着，跳起来正好"，就像孩子爬到400米时有一点累了，受到鼓励后依然可以努力一下爬到500米，这个500米就是一个合理的目标。然后，继续鼓励孩子向800米、1000米、2000米等挑战，让孩子不断尝到"小成功"，最终走向成功。

◆协助孩子发掘学习的乐趣

孩子小时候可能会读到古人"十年寒窗苦读""学海无涯苦作舟""头悬梁，锥刺股"的故事，但他们不能理解当时的故事背景，心里可能会产生这样一种印象，就是学习是"苦"的，加上父母多注重孩子的学习成绩，为了成绩不顾态度和方式方法，这都让孩子觉得学习太苦。其实，学习充满着乐趣，只是这种乐趣是隐藏着的、深层次的，需要父母帮助孩子来挖掘并引导他去体会。

（1）引导孩子学会观察身边的点点滴滴，通过学习发现新的事物、美的事物。在不断地发现中，孩子很容易获得满足和快乐。

（2）父母放手，让孩子自己处理学习的事情，对自己的学习负责，这个过程中充满着快乐。这给了孩子一种责任感，当他第一次处理好自己的学习并获得父母的肯定与认可时，他既能体会到其中的不容易，更在意努力过程中发生的各种有趣的事情和成功后的自豪感，以及这件事是由他自己独立完成的。

当然，刚一放手时孩子可能有些不适应，成绩可能会有一定程度的下滑，相信这只是暂时的，为长远计，付出这样的代价是值得的，也是必须的，就像孩子小时候学走路，跌倒几次是必然的。这种做法可以帮助孩子在主动进取中获得学习的快乐。

（3）在不断克服学习困难中体会快乐。真正的学习是对未知的探索。学习如同探险一般，既充满浪漫新奇的体验，也有意想不到的障碍。克服一次困难就如同进行一次探险，都会留下难忘的回忆，这种回忆不仅是学习的成果，更是快乐的源泉。

（4）激发潜能也能获得快乐。孩子的学习潜能是巨大的。当孩子为了一个目标而专注地努力时，整个身心都将充满愉悦和激情，这时潜能最容易被激发。如果能发掘自己从未察觉的潜能，取得一定的成绩，获得周围人的赞扬，孩子的成就感和骄傲感就会油然而生。

的确，学习是要付出努力和汗水的，但是如果从内心里把学习当作是自身发展的需要，从而自觉地、主动地学习，那么再多的付出都不会觉得苦。这种学习才是充满快乐的。这种快乐区别于将学习娱乐化所获得的表面的、短暂的快乐，是真正的、持久的、深层次的快乐。一旦发现了这种快乐，孩子就一定会乐此不疲地学习，并能取得骄人的成绩。

兴趣是一种内在的动力，它会使孩子产生一种强烈的求知欲望。学习如船，兴趣如帆，扬起帆，船就能够带我们到达河的彼岸。

训练孩子的专注力

孩子刚拿出积木，又去玩小汽车；打开画画本画画，没画几笔，又去翻故事书；上课不专心听讲，老走神；写作业三心二意，边做边玩，还会写错字、抄错数……这些都是孩子不专注的表现，也让父母们头疼不已。然而，专注是一切学习的开始，缺乏专注力，也就不能专注于一件事，那么任何事情都是干不好的。从小训练专注力可以帮助孩子养成集中注意力的好习惯，有利于孩子学习各种知识、获得各种技能，使孩子更加聪明伶俐，正所谓"书痴者文必工，艺痴者技必良"。

专注力，就是我们常说的注意力。对孩子来说，专注力是指他们能把视觉、听觉、触觉等多种感官集中在某一事物上，达到认识该事物的目的。它是一项非常重要的心理素质，是一种最基本的适应环境的能力。

专注力原本是孩子成长过程中自然具备的本能，但是孩子成长的环境里总是充满这样或那样的干扰因素，这才是导致孩子专注力下降的关键所在。弄清楚干扰孩子专注力的因素，然后对症下药，就能帮助孩子逐渐提高专注力。总的来说，影响孩子专注力的因素有以下几点：

（1）先天气质。如果孩子本身特质就属于坚持度、注意力低的情况，专注力相应地也会比较低。

（2）周围干扰太多。我们的生活中充满了太多的干扰，如随时会响起来的电话与手机、各种各样的电视节目，诱惑巨大的网络世界等，都会分散孩子的注意力。

（3）不当的教养方式。父母的养育态度和教育方式直接影响着孩子的专注力。现在大多数家庭只有一个孩子，父母对孩子疼爱有加，呵护过度，什么事情都不让孩子做，就连孩子应该自己做的事情也都由父母代劳了，这样孩子就会养成严重的依赖心理，学习的机会就减少了。由于很多事情不需要自己动脑筋去完成，作业做完后有父母给检查、错了有父母给改正，上课没有听明白父母会请家教，这样孩子的专注力必然会下降。

（4）错误的教育方法。给孩子布置的任务难度超出孩子的能力范围；同一时间里给孩子安排了多个任务；安排活动时不考虑孩子的兴趣，强迫孩子做父母认为对孩子很重要的事情；孩子活动或学习时，父母给予的指导太多，使孩子分心或失去信心。这些都使孩子对所做的事情不感兴趣，没有学习动机，阻碍了孩子专注力的发展。

（5）缺乏运动。大肌肉活动不足也是影响专注力的因素之一。现在的孩子大都缺乏体育锻炼，其实运动最有利于孩子各项能力的培养，专注力也不例外。因为在运动中，孩子的肌肉、神经和感官需要相互配合，才能完成要做的动作。这个过程不仅能锻炼专注力，还能促进大肌肉的发展，缺乏运动就容易导致注意力不集中。

当然，孩子专注力时间短是有其生理原因的，那就是婴幼儿的大脑和神经系统没有发育成熟，而大脑和神经系统是整合高级适应功能——思维、智慧和语言的器官。而且，孩子年龄越小专注力时间越短。一般情况下，2岁的孩子能集中注意力3～5分钟；3～4岁能集中注意力10分钟左右；5～6岁能集中注意力15分钟左右；7～10岁能集中注意力20分钟左右；11～12岁能集中注意力25～30分钟；12岁以上能超过30分钟。1岁以内的孩子，注意极不稳定且都是无意注意，注意的时间不超过2分钟。知道了这个特点，我们就能对孩子多一些理解和宽容。

了解了影响孩子专注力的因素和孩子的生理特点，再着手训练孩子的专注力就容易多了。家长应该从以下几个方面入手。

◆**年龄不同，专注力要求不同**

上面说过，不同年龄阶段，孩子的专注力是不一样的，越小的孩子能够专注的时间越短。所以，培养孩子的专注力的时候，要根据孩子的年龄提出具体要求，违背规律可能适得其反。比如，不强求一个4岁的孩子专注30分钟，只要孩子能达到生理上的10分钟左右，就要给予孩子表扬与鼓励。

如果发现孩子做事爱放弃的原因是这件事超出了孩子注意力的持久时间，父母就应该帮助孩子分解一下这件事。比如，孩子想用积木搭一座城堡，每次搭不完就去玩别的玩具了，几次下来就丧失了之前搭城堡的兴趣。这时，妈妈可以帮助孩子把城堡分解一下，分几次来搭，每次完成了当天的任务就可以去做别的，下次接着再搭。这样做也许要用一周的时间才能搭好城堡，但是却能激发孩子的成就感和自信心，也让孩子学会如何面对复杂的"任务"。

◆**环境不要过于"热闹"**

任何一种刺激物的干扰都会分散孩子的注意力，使孩子难以做到全神贯注。倘若环境中存在太多颜色新鲜、有声响、会动的玩具、书或其他事物，就会导致孩子注意力不集中。所以，想让孩子专注地做一件事，就要尽可能排除一切干扰因素，创造一个良好的学习环境，协助孩子专注力的发展。比如，孩子搭积木时，关掉电视；孩子阅读时，收起会让他分心的玩具……这些都能让孩子在一个相对安静的环境做事，有利于专注力的持续。

◆**孩子专注时请勿打扰**

孩子专注地玩，而看护人总是去打扰他，就会破坏孩子的专注力。

4岁的丁丁正在地板上专心地拼积木，他把积木堆起来，然后"哗"地推掉，然后再堆再推。堆的时候，他一脸专注，推的时候满脸兴奋。奶奶一会儿过来："宝贝该喝水了。"一会儿又来："宝贝，你饿不饿？"一会儿，爸爸也凑过来："乖，不要总是推倒嘛，来，我们盖个结实的大高楼！"爸爸边说边拿起积木动手。谁知丁丁不愿意，大声喊："我不嘛，我不嘛！"本来玩得好好的孩子哭闹起来……

　　这就是说，孩子做自己感兴趣的事时，是能集中注意力的，这时大人尽量不去影响他，打断他，而是让他专注地做完他想做的事情，孩子就会有持久的专注力。从这个角度来说，孩子的专注力不是被训练出来的，而是被保护出来的。

◆通过兴趣发展专注力

　　孩子的注意力普遍短，但是一旦碰到吸引他的事物，就会忘我地投身其中，注意力的集中程度十分惊人。一个5岁多的孩子可以看猴子看半小时，一个3岁多的孩子可以看河马看半小时，这就是因为他们感兴趣，愿意看。这并不是什么坏事，而且父母应该感到高兴。当孩子专注于看和观察的时候，父母不要为了自己没兴趣或赶时间而打断孩子蓬勃的发现力，让孩子尽情享受专注的乐趣和发现的乐趣。

　　父母平时可以选择一些孩子感兴趣的事让他去做，并且不要去打扰他，长期这样，他每做一件事情就会非常专注。

◆要求孩子一段时间内做好一件事

　　如果一次性地给孩子提出很多要求和任务，孩子既要注意这个，又要注意那个，顾此失彼，结果一项任务都不能顺利完成，既分散了注意力，还可能让孩子失去兴趣。所以，每次只设定一个任务，要求孩子在规定的时间内完成，孩子就能把注意力都集中在这一件事上，有利于保质保量地完成任务。这样做既能培养孩子的专注力，还能增强自信心。

◆有意识地训练孩子的专注力

父母可以适当选择一些简便易行的方法，训练孩子的专注力。比如，每天和孩子一起听时钟的嘀嗒声，第一天听10下，第二天听15下，第三天听20下……逐次增多，每次都十分专注地聆听，坚持下去，就可以养成专心注意的习惯。再如，可以让孩子盯住一张画，然后闭上眼睛，回忆画面内容，尽量做到完整；回忆后睁开眼睛再看一下原画，如不完整，再重新回忆一遍。这个训练既可以培养孩子注意力集中的能力，也可以提高孩子注意更广范围的能力。

另外，还可以让孩子在地图上寻找一个不熟悉的城镇；与孩子一起等人、候车时，在嘈杂的环境中让孩子背一段喜欢的课文，同样可以发展孩子的专注力。专注力的训练形式可以多种多样，只要父母有心，随时都可因地制宜进行。

给孩子一双善于观察的眼睛

也许有人会说，孩子平常喜欢东瞧西看，喜欢闻闻花草，还不时到处摸摸，就是不用成人去管，自然也能有好的观察力。真的是这样吗？不是的。孩子所做的这些只是一些无意识的随便行为，算不上是观察。观察是通过眼睛、耳朵等感觉器官接收信息的一种活动，它是有目的、有计划的感知活动，不是盲目的、随意的行为。

人学习知识的过程，首先从观察开始，孩子也一样。孩子对于世界产生好奇，于是主动地去看、去听、去触摸，由观察产生兴趣，在兴趣中开始思索，从思索中学到知识，再由知识中加深对这个事物的了解……如此循环，在这个过程中学习知识并获得体验。由此看来，观察力对于孩子的成长是很重要的。

观察力是指人通过眼、耳、鼻、舌、身感知客观事物的能力。它是智力构成必不可少的一个因素，是一切智力活动的基础。任何一个人，如果没有较强的观察力，他的智力很难达到高水平。许多科学家能取得伟大的成就，都得益于敏锐的观察力。生理学家巴甫洛夫在他的实验室墙壁上写着六个醒目的大字："观察，观察，观察！"生物学家达尔文在谈到自己的成就时说："我既没有突出的理解力，也没有过人的机智，只是在观察那些稍纵即逝的事物并对其进行精细观察的能力上，我可能在他人之上。"所以说，没有观察力，智力发展就好像树木生长没有了土壤，江河湖海没有了水的源头一样，失去了根本。

良好的观察力是孩子学习、生活、解决日常问题的基础。学习活动中，70%以上的信息都是通过观察获得的。苏联教育家赞可夫曾经明确指出，学生学习成绩落后的原因纵然是复杂的，但普遍的特点之一是观察力差。可见，从提高孩子学习成绩这个角度来讲，同样需要发展并提高观察力。

研究表明，观察力好的人在同一时间观察同一事物所获得的信息会比观察力低的人多很多。国外曾有人做过这样的实验：对两组儿童进行训练，甲组进行一般的训练，乙组进行加强观察力的训练。一年之后，把一只两组儿童都未见过的鸟的标本给他们看，要求讲出这种鸟的特征。甲组儿童只停留在鸟的颜色上，而乙组儿童不仅能讲出鸟的颜色，而且能讲出各部分形状特征，有的儿童还能判断这种鸟的爪和嘴很尖利，可能是一种猛禽。可见，从小培养孩子善于观察的习惯和观察的能力十分重要。

◆训练观察力要趁早

对于孩子而言，周围的世界到处都让他觉得新鲜和好奇，很容易引起他的关注。观察力的训练，是一项实践性很强的工作，需要结合具体的观察行为进行，所谓"在游泳中才能学会游泳"。所以，孩子开始关注某个事物时，就是观察力训练的良好契机，父母应该抓住机会，引导孩子在实践中学习观察。

4~6个月的孩子，白天睡眠时间逐渐缩短，有更多的时间东瞧瞧西看看，但是他已经不满足单纯地看，而是开始观察探索事物，获取信息。虽然这时的孩子对复杂的图形观察力还很弱，但他有很强的学习欲望，总是喜欢关注复杂图形的区域。父母要珍惜孩子的这种求知欲和勇气，有意识地在孩子各种感官发展的基础上，进一步帮助孩子观察周围环境、认识世界。这样慢慢引导，孩子就能比别人更早地拥有敏锐的观察力。

◆调动多种感官参加观察

有人说，观察只要靠眼睛就够了，其实不然。因为孩子注意力的稳定性不强，观察不了多少时间就会转移注意力，这就需要想出一个办法，既满足孩子的兴奋中心能不断转移的需求，又不离开所观察的事物。调动孩子的视觉、听觉、触觉、嗅觉、运动觉来参加观察就是一个好办法，可以通过不断变换方式，延长孩子的注意力。事实上，也只有将多种感官结合起来，才能做到观其形、辨其色、闻其声、触其体、嗅其味，才能获得丰富全面的信息，提高观察的敏锐性和深刻性。

观察时，引导孩子尽量使眼、耳、口、鼻、手等并用。比如，在家吃水果时，让孩子用眼睛看、用手摸、用口尝，从而获得各种水果的形状、颜色和味道；观察花草时，让孩子看看花朵的形状、颜色，再让孩子闻闻气味；观察雪景时，可以让孩子抓把雪，甚至堆一个雪人，并引导孩子观察雪人是怎样融化的；还可以带孩子到大自然去，亲眼看看破土而出的禾苗与小草，亲耳听听优美动听的蝉鸣鸟叫。通过多种感官并用的观察，孩子对所观察的事物就能获得极为深刻的印象。

◆明确观察目的和任务

有人做过这样一个实验：把两幅看起来完全相同的图片，给两组幼儿观察。观察前，告诉第一组幼儿，这两幅看起来相同的图片里面有5处不同的地方，请他们找出来；第二组幼儿在观察前没有被告知两幅图片里面有几处不同的地方，只是要求他们找出两幅图片中的不同之处。结果，第一组幼儿平均找出4~5处不同的地方，第二组幼儿平均找出了3~4处。由此可见，在观察前提出观察目的和任务，让孩子带着问题观察，能显著提高孩子的观察力。

◆**从日常生活入手进行观察**

观察力的培养，不一定要进行专业的训练，日常生活才是主战场。日常生活的引导更加自然、随机，不会让孩子感到学习的压力，更适合学龄前的孩子。随机引导孩子去观察周围的人和事物，引导的内容可以随孩子的年龄逐渐提高要求。比如，对于不太会说话的孩子，可以引导他指认"电灯在哪里""红色的球在哪里"，让孩子从周围事物中搜寻目标物体；孩子大一点的时候，可以有意识地给他提些比较不同点的要求，如问些"这个小碗和你用的那个有什么不一样的地方"之类的问题。带孩子上街的时候，可以有意让孩子观察身边走过的人，然后问孩子"那个人穿着什么颜色的衣服""你觉得他开心吗"之类的问题。

另外，观察小昆虫应该是没有哪个孩子会拒绝的。蚂蚁是一种相当有组织的生物，它们的分工相当精细，每只蚂蚁各司其职，父母可以在蚂蚁出入的地方，放一些饼干屑，然后和孩子一起观察"蚂蚁雄兵"把饼干碎屑搬入蚂蚁窝的有趣情形，这是引导孩子最自然也是最生活化的教材。

◆**教给孩子正确的观察技能**

孩子小，还不能很好地控制自己的视觉与注意力，引导孩子学会观察，就要教给他们观察技能。

（1）全面细致地观察。引导孩子全面细致地观察某一事物，要遵循由近及远、由表及里、由局部到整体或由整体到局部、由明显特征到隐蔽特征的观察原则。比如，动物园里，鸭子、鹅、天鹅有哪些不同呢?引导孩子先观察它们的整体外形，然后再观察脖子、嘴巴、爪子；观察大公鸡，可先引导孩子观看鸡头、鸡身、鸡脚，再进一步观察公鸡和母鸡有什么异同。

（2）从不同角度进行观察。只从一个角度去看事物，无异于盲人摸象。父母应启发、鼓励孩子尝试从另一个角度观察同一事物，使孩子能发现更多的问题，也就容易产生更强的观察兴趣，提高观察能力。

（3）通过比较进行观察。比较是一个鉴别的过程，即在相似的事物中找出不同点，在似乎无关的事物中发现相似点和相互联系。比如，让孩子观察其他孩子的绘画作品，并同自己的作品进行比较，分别说说别人的作品和自己的作品有哪些值得肯定的地方，有哪些不足，以便改进。通过比较提高孩子的观察力是一个好办法。

（4）动静结合进行观察。动态观察指按先后顺序或方向位置观察物体的变化；静态观察指按物体的颜色、形状等进行观察。这种观察法不仅可以提高观察力，还能为孩子以后看图数数和看图列式打下基础。

孩子记忆自己观察的事物，要比记忆成人直接教给他的知识深刻得多。所以，父母要从小培养孩子的观察兴趣和观察习惯，并引导孩子持之以恒地坚持下去，对提高孩子的观察力意义很大，而且能够为孩子的终身学习打下坚实的基础。

教孩子学会思考

一位资深教育专家曾讲过他亲身经历的一则让自己笑不起来的"笑话"。在一所国际学校里，老师问了一个问题："有谁思考过世界上其他国家粮食紧缺的问题吗？"学生都说"不知道"。非洲学生不知道什么叫"粮食"；欧洲学生不知道什么叫"紧缺"，美国学生不知道什么叫"其他国家"；中国学生不知道什么叫"思考"。

这"笑话"的确让人笑不起来，实在发人深省。

生活中，我们很多父母习惯于给孩子指路，事事替孩子包办，孩子也就不用想什么事是自己应该做的，需要怎样去做及做到什么程度，遇到困难也有父母帮助解决。也就是说，我们的孩子根本不用去思考，因为大人就没有给他们思考的机会。孩子上学了，在应试教育的训练下，我们的课堂成了"满堂灌"，孩子原本聪明的大脑成了"知识容器"，思考能力"生锈"，思维成为"一潭死水"。在这种长期被扼杀了思考力的环境中成长起来的孩子，不懂得什么叫"思考"也就不足为奇了。

会思考是孩子一生受用的能力。没有正确的思考，就不会有正确的行动。可以说，任何一个有意义的构想和计划都是出自思考，思考可以支撑起人生。善于思考，才能善于发现问题，才能通过思考、分析解决问题。思考能力强的孩子，求知欲望就强，终身学习的能力就强，创造力也就强。这样的孩子长大后拥有比别人更加宽广的视角，思维也更加活跃，机遇也更多，能够与时俱进，备受社会的欢迎，所以更容易拥有成功的生活和事业。而缺乏思考活力的孩子将来走上社会，大多满足现状、循规蹈矩，难以有创造性成果。难怪我们的学生中学时代时在国际性比赛中屡屡优于西方孩子，成人后却"泯然众人矣"，原来与思考能力钝化不无关系。

美国人比我们重视训练孩子的思考能力，他们从小就教孩子独立思考，独立解决问题。美国还专门设立了一个"西屋科技奖"，对象只是高中生，目的就是要挖掘他们的思考潜能，发扬他们的思考天性。据统计，"西屋科技奖"得主中有5位后来成为诺贝尔科学奖获得者，27人当选为美国科学院院士。美国人允许孩子发表自己的主张，只要是言之有理，哪怕对问题认识不全面，也能得到认同和赏识。他们认为，思考氛围与思想性激活相对于知识学习更为重要。

一次，女孩多米去美国电视台参加一个节目，当时她只有七八岁。

主持人问她："你长大以后想做什么？"多米不假思索地答道："总统。"全场哗然。

主持人又问："那你说说看，为什么美国至今没有女总统？"多米想都没想就说："因为男人不投她的票。"全场又是一片笑声。

"你肯定是因为男人不投她的票吗？"多米不屑地说："当然肯定。"

主持人意味深长地笑了笑，对全场观众说："请投她票的男人举手。"伴随着笑声，不少男人举起了手。

"你看，有不少男人投你的票呀。"多米不为所动，淡淡地说："还不到1/3。"

主持人又对观众说道："请在场的所有男人把手举起来。"言下之意，不举手的就不是男人，哪个男人"敢"不举手？哄堂大笑中，所有男人都举起了手。多米露出了一丝轻蔑的笑意："他们不诚实，他们心里并不愿投我的票。"许多人目瞪口呆，然后是一片掌声，一片惊叹……

这是一个典型独立思考的事例，多米在没有任何人提示或帮助的情况下，凭借自己的思考和判断，对主持人的提问做出从容的回答。这种独立思考的能力正是我们的孩子所欠缺的。

父母们应该认识到思考的重要性，尽早训练孩子的思考能力，给孩子提供思考机会和思考氛围，引导孩子学会独立思考、敢于质疑，并从多个角度考虑问题。

（1）常说"你先试试看"。孩子提问题时，不要直接告诉他答案，帮助他学会自己思考才是最有益的。每一个"为什么"、每一个"怎么样"都表明孩子正在探索，这都是孩子开动脑筋思考问题的表现。孩子问"是什么"时，父母往往可以随口解答，但当孩子进一步提出"为什么"时，首先要鼓励孩子自己去探寻，多说"你先试试看"，引导孩子通过观察和动手去验证，这样收效更大。孩子解决不了时，可以和孩子一起查阅资料、反复思考，再根据孩子的年龄特点、知识经验、深入浅出地给予解释。

（2）多问孩子"怎么办"。父母可以经常给孩子提出一些问题，让孩子的大脑时时处于活跃状态，引发孩子积极思考。比如，"游戏中小伙伴突然哭了怎么办""如果你在大街上迷了路怎么办""我们每次去游泳总是会晚，你想个办法解决一下这个问题""你觉得这个模型怎么做会更好"……提出这样的问题，孩子就会通过自己的思考去寻求答案，思考能力就能得到锻炼。这个过程中，要鼓励孩子敢于提出自己独到的见解，不管孩子的想法如何，都要给予肯定与赞扬。如果孩子的想法需要纠正，父母可以和孩子一起讨论，耐心地向孩子解释，积极地帮孩子解决问题。

（3）在独立中学习思考。很多父母一边溺爱孩子，一边却埋怨孩子什么事都不会做，学习成绩也上不去。他们不知道，就是因为自己看似爱孩子的做法，使孩子动手动脑的机会减少，事事依赖父母，独立思考的能力得不到锻炼，最终害了孩子。不独立的孩子，永远学不会思考。父母要从小培养孩子的独立能力，给孩子独立做决定、自己做事的权利，因为只有独立，孩子没有了依赖感，才会主动思考，积极解决问题。这样不但可以提高孩子独立生活的能力，也会锻炼孩子独立思考的能力。

（4）教孩子多角度考虑问题。孩子在思考的过程中可能会遇到困难，尤其是喜欢钻牛角尖的孩子，这时如果不能给予及时引导，孩子思考的积极性就可能会受到打击。遇到"拦路虎"，父母可以引导孩子绕过去，或者寻找新的途径，让孩子坚信"总有办法解决问题"。引导孩子多角度看待事物和分析事物，可以在日常生活中随时进行。比如，家里买了一条鱼，让孩子想想除了蒸以外还有什么吃法；茶杯除了用作喝茶外，还能做什么用；突然下了一场大暴雨，树倒了，电线断了，这些都是害处，让孩子想想暴雨有没有益处；等等。这些都可以启发孩子多角度思考问题，孩子就会逐渐养成换一条思路考虑问题的好习惯。

深谙人脑"用进废退"的原理，孩子越独立、思考越多，智力发展就越快，其他方面的能力也就随之发展越好。所以，父母不要给孩子多余的帮助，更不要代劳，给孩子自己思考、自己解决问题的独立空间，不仅能锻炼孩子的思考能力，还能优化孩子的性格。

五大方法提高记忆力

生活中，我们也许都会发现这样的现象：今天教孩子识的汉字，第二天再让他读就读不出来了；老师课堂上讲的内容，回到家就有些稀里糊涂；背诵一篇课文，总是记了前面的，忘了后面的；数学里的公式总是记不住或记错……这些都是孩子记忆力不好的表现。

人的一切活动，从简单的认识、行动，到复杂的学习、劳动，都离不开记忆。人的大脑是一个记忆的宝库。我们感知过的事情、思考过的问题、体验过的感情或从事过的活动，都会在头脑中留下或深或浅的印象。记忆力就是大脑把这些印象保持和再现的能力。记忆力好，保持和再现的信息就多，质量也高。良好的记忆力是积累知识经验的基础。

孩子在成长的过程中需要通过各种途径获取大量的知识和信息，记忆力的强弱能够直接影响他的智力水平和学习成绩。心理学家维果斯基认为，"学前儿童记忆处于意识中心，心理活动的各个方面以记忆占着优势地位。如果没有记忆能力，那么孩子每一次都去重新认识那些已经碰见过的事物，也就不可能获得任何生活知识经验。"可见，在智力发展最重要的幼儿时期，发展记忆力意义重大。

记忆力和人的其他各种能力一样，可以经过后天的训练来增强。孩子正处于记忆训练最佳期，只要训练方法得当，就一定会收到满意的效果。

◆ **了解孩子记忆的特点**

孩子的记忆具有一定的特点，这是由孩子的身心发展规律决定的。从出生时起，孩子的大脑就开始吸收外界信息了。但这些信息是零碎的，互相之间没有什么关联，加上孩子的记忆缺乏目的性，随意性较大，所以记忆保持的时间较短。通常，1岁的孩子只记得几天前的事情，2岁左右的孩子记得几个星期之前的事情，3岁的孩子可以回想起几个月之前的事情。3岁前的记忆有很强的情绪色彩，孩子对自己感兴趣和特点鲜明的事物容易记住，如对让他感到快乐或悲伤的情景印象就深。

3岁之后，孩子的无意识记忆逐渐发展，他们能清晰地记住物品的名称、伙伴的名字、自己放置物品的位置，以及简单的古诗和儿歌，记忆的时间能保持好几个月，记忆的内容也变得丰富起来。随着父母的引导，孩子的有意记忆也开始发展，这个时候父母可以明确指出识记的任务，最简单的可以从要孩子取一样东西或传一句话做起，这样有助于帮助孩子记忆。

了解了孩子的记忆特点，就能有针对性地寻找有效的方法，并在孩子的能力范围内循序渐进地培养孩子的记忆力。

◆ **激发孩子的记忆兴趣**

成人对自己感兴趣的东西往往很容易记住，对不感兴趣的东西则要强迫自己去记忆。但是孩子一般做不到这一点，他们对感兴趣的东西愿意去记，对不感兴趣的就不去记，无论父母如何强迫、命令，他们还是记不住。所以，想让孩子学会记忆，就必须激发孩子的记忆兴趣。兴趣是最好的老师，在兴趣的指引下，孩子会逐渐增加记忆的积极性，对有兴趣的东西往往会表现出很强的记忆力，记忆效果也会更好。

直观、形象、趣味性强的东西，以及能引起孩子强烈情绪体验的事和物，孩子都比较感兴趣，大多数也能自然而然地记住。父母可以为孩子提供一些色彩鲜明、形象具体并富有感染力的识记材料，如不同形状的小卡片、能活动的玩具和实物等，吸引孩子，刺激孩子的记忆兴趣；可以把要记的事物编到故事中，和孩子一起读故事，让孩子边体会边记忆；还可以鼓励孩子把要记的东西与自己熟悉的事物关联起来，如识记"猫"字时，可以引导孩子看猫的形态、听猫的叫声、摸猫的身体等，加深记忆。

父母用表演的形式激发孩子的记忆兴趣也是一个好办法。比如，让孩子区别"大笑"和"微笑"时，妈妈可以做出"大笑"和"微笑"的表情，引导孩子仔细观察、聆听，认真体会，并自己做一做表情，让妈妈评判一下。孩子喜欢这种互动形式，很容易对需要记忆的事物产生兴趣。

所以，父母要通过各种形式有意识地激发孩子的记忆兴趣，让孩子轻松快乐地去记忆，这比强迫孩子记忆效果要好得多，也不会让孩子产生厌烦心理。

◆**帮助孩子掌握遗忘规律**

心理学家通过实验发现，人在学习过程中，遗忘是必然的，却是有科学规律可循的。刚刚记忆完毕，记忆量为100%；1小时后，记忆量为44.2%；8～9小时后，记忆量为35.8%；1天后，记忆量为33.7%；2天后，记忆量为27.8 %；6天后，记忆量为25.4%。这就是说，遗忘的进程很快，但是，随着时间的推移，遗忘的速度逐渐减慢，遗忘的数量也就减少。一般而言，记住后，5分钟后重复一遍，20分钟后再重复一遍，1小时后、12小时后、1天后、2天后、5天后、8天后各重复一遍，14天后就会记得很牢。

了解了遗忘规律，父母就可以科学地指导孩子及时复习，随着时间的增加，可以逐渐减少复习的次数，间隔的时间也可以逐渐延长，帮助孩子增进记忆，避免或者减少遗忘。孩子懂得了这个规律，还可以增强记忆信心。

◆**帮助孩子找到最佳记忆时间**

科学研究表明，人的记忆时间有四个最高峰：早晨起床后、8点到10点、18点到20点、晚上睡觉前。这四个时间段，脑神经处于高度兴奋状态，思维灵敏，记忆效率高。早晨起床后，大脑经过一夜的休息，消除了疲劳，记忆的效率最高，适合记忆一些比较难记的内容；8点到10点，大脑极易兴奋，适宜学习需要很强思考力的内容；18点到20点，是归纳和整理知识的最佳时间；晚上睡觉前，适合回顾复习全天学习的知识，重点记忆难记的知识。

父母要通过细心观察孩子的表现，以及与孩子沟通交流，帮助孩子找出最佳记忆时间，让孩子在最佳状态中记忆知识，以达到理想的记忆效果。父母还可以和孩子一起将每天的学习内容划分为难易不同的等级，然后分析哪个等级的难度最适合在哪个时间段去记忆，从而找到最佳记忆时间，让孩子在这个时间里去识记、背诵、理解知识点，不断重复直至记牢。

◆教孩子掌握科学的记忆方法

"授人以鱼，不如授人以渔。"父母如果有意识地教给孩子一些科学的记忆方法，会使孩子达到事半功倍的记忆效果。

（1）重复强化法。对于新学的内容，让孩子多次重复记忆，利用对同一信息的反复输入来增加记忆；对同一个学习内容，让孩子用听、说、写、画，甚至唱等不同方式来重复，利用不同的感知途径来接受新的信息。

（2）协同记忆法。即在孩子记忆时，让多种感觉器官参与活动，使大脑建立多方面联系，以加深记忆。实验研究表明，如果让孩子把眼、耳、口、鼻、手等多种感官调动起来，使大脑皮层留下很多"同一意义"的痕迹，并在大脑皮层的视觉区、听觉区、嗅觉区、运动区、语言区等建立起多通道的联系，就一定能提高记忆效果。因此，父母应尽量带孩子多看一看、摸一摸、闻一闻、尝一尝，通过多种感官从多方面获得感性认识，加强记忆。

（3）游戏记忆法。游戏是孩子最喜爱的活动，把记忆的内容融入游戏中，不失为加强记忆的好方法。游戏的方法多种多样，只要父母用心，随时随地都可以和孩子一起游戏。比如，给孩子看多张卡片，然后问"如果我们去野餐，这些东西中哪些要带走"，和孩子一起说，你说出一种，孩子说出一种，慢慢就把所有可以挑选的东西都说出来了。

（4）理解记忆法。孩子对于不理解的内容，记忆较难。这时可以提出一些问题，如"鸟为什么能飞""鸭子为什么能在水中游"等，引导孩子通过积极的思考，在理解其意义的基础上进行记忆。

（5）歌诀记忆法。对一些杂乱无章的材料，可指导孩子把需识记的材料编成歌词和诗词，形成一种节奏顺序，以提高记忆效果。

（6）各个击破法。如果孩子要背一首诗，或者一个小话剧里的大段台词，不妨让孩子把那些文字拆开，先一小段一小段地念熟，然后再背。这样孩子就不会觉得无从下手，记得也快。

记忆的方法还有很多，如直观形象法、归类记忆法、联想记忆法、情绪记忆法等，父母可根据所记材料的特点和孩子自身的情况，引导孩子自己寻找最适合的记忆方法，以取得更好的记忆效果。

总之，培养孩子良好的记忆力是需要循序渐进的，父母一方面要有耐心，一方面要用科学的方法来指导孩子，使孩子掌握行之有效的记忆方法，最终养成良好的记忆习惯，不断提高记忆能力。

第 3 章　思维能力训练

训练孩子的形象思维能力

生活中，我们常常能发现有些人做完一件事情后不能活灵活现地描述自己的感受，说话干巴巴的，没有情景，没有氛围，不能打动人，原因就是他们没有很好的形象思维能力。有些人正好相反，他们能把自己的感受绘声绘色地描述出来，一下子能把人带到某种情景之中，这种人的形象思维能力就特别强。

形象思维是以具体的形象或图像为思维内容的思维形态。人类科学技术的发明首先是从形象思维开始的。鲁班因为手被带齿的小草刺破，发明了锯子；牛顿看到苹果从树上掉下来，发现了万有引力；瓦特看到水壶里的水开了，蒸汽能掀动水壶的盖，从而发明了蒸汽机。这些都说明，形象思维实质上是人们对日常生活中的事物和现象的直观感觉的应用，这种直觉以表象为基础，进行联想与想象，达到创造发明的目的。

爱因斯坦曾这样描述他的思维过程，"我思考问题时，不是用语言进行思考，而是用活动的、跳跃的形象进行思考。当这种思考完成以后，我要花很大力气把它们转换成语言。"我国著名科学家钱学森也说过，"我建议把形象思维作为思维科学的突破口……这将把我们的智力开发大大向前推进一步。"可见，形象思维在科学发展中起着很大的作用。

一般来说，形象思维如果发展不好的话，抽象思维就很难获得充分发展。而形象思维良好，通过直观的类比、联想等思维加工，抽象难懂的概念、理论也能变得易学易懂，同时联想能力、类比能力、抽象思维能力和辩证思维能力等都会有相应的发展和提高。

形象思维的本质，就是让形象在大脑里动起来，并具有连续的性质。比如，你用语言给孩子讲一个故事，你的声音要在孩子的大脑里形成形象，而且这些形象要以逻辑的方式形成一根链条，这才是形象思维的关键所在。所以说，大脑里面有没有形象是一回事，能不能用这样的形象进行思维是另一回事，再将这样的形象描绘到纸上又是一回事。就算大脑里有了形象，能进行思维，也能将思维的结果画到纸上，但由于每个人在感受能力、想象能力、思维方式、生活经历方面的不同，得出的结果也会不一样。因此，想让孩子获得良好的形象思维能力，就必须有意识地进行训练。

形象思维的过程主要包括观察、感知、记忆、想象、创造等，培养孩子的形象思维能力，其实就是通过对原始形象的观察、感知、记忆、想象后，加进自己的主观愿望和个性特征，再创造出新形象的过程。所以，首先应该通过引导孩子观察、记忆等，丰富孩子的感性知识，为思维提供物质基础。因为思维活动不是大脑凭空产生的，而是在接触事物的认识过程中产生的，而且孩子接触的事物越多，积累的感性知识越丰富，认识事物就会越全面、越正确。其次，鼓励孩子展开想象的翅膀，把形成的形象创造性地表达出来。因为只有表达出来，才能检验形象思维发展得如何。

（1）丰富孩子的感性知识。父母可以多带孩子到大自然和社会生活中去观察事物，扩大孩子的印象范围。也许孩子会觉得周围的事物平淡乏味，这时可以引导孩子换个角度去观察和认识事物，如"哈哈镜中的我""把图片局部扩展为一幅画"……使孩子获得全新的感受，提高孩子观察的兴趣。给孩子讲故事、让孩子看连环画、让孩子听音乐等，可以让孩子很好地感知周围的事物。让孩子把看到的物象或经历过的事通过各种记忆方法储存在大脑中，等到用的时候再拿出来，有利于创造力的发挥。这些都是丰富孩子感性知识的有效途径。

（2）鼓励孩子尽情想象。想象是创作的一种最活跃的思维方式。要想进行创造性的表现，展开想象进行联想是必须的。高尔基说："想象在其本质上也是对于世界的思维，但它主要是形象的思维，即'艺术的思维'。"世界上最善于想象，最富有想象力的就是儿童，他们的心未受到任何框框的禁锢，能驾驭想象的翅膀遨游于大海、天空乃至无垠的宇宙。他们可以想象自己如果变小了会如何，想象一种"机器人保姆"，想象自己和外星人交朋友等，以此得到新的感觉、新的信息，从而创造出新的、富有趣味的形象。

（3）鼓励孩子大胆展现。通过想象，孩子心中也许已经有了一个新的形象，这时父母要鼓励孩子通过绘画、表演、讲故事等形式将自己心中的形象表现出来，以检验孩子形象思维能力的发展水平。不管孩子表现得好还是不好，父母都不能用嘲笑的态度对待孩子的创造成果，而是应该给予孩子赞扬与鼓励，使孩子树立信心，不断进行创造性的创作。

任何一门学科都离不开形象思维，发展孩子的形象思维，对于孩子语文、数学、物理、化学等文化课的学习同样具有促进作用。

训练孩子的逻辑思维能力

孩子思维的成熟过程，是由动作思维发展到形象思维，再发展到逻辑思维。咿呀学语的婴儿不会有什么抽象思维能力，他们根本搞不清苹果与梨到底有什么不同，然而生活能使孩子学会抽象。比如，淘气的小宝宝，用手触摸火炉，结果感觉很烫，他会赶紧把手拿开。一次这样的感受可能不会引起他的反应，他还会再次去摸。再摸可能还是很烫，甚至把手烫出几个泡来。几次教训后，他就不会再去触摸任何火炉，包括那些不曾烫过他的火炉。显然，他已经朦胧地意识到，那些东西也是火炉，也会烫人的。这种朦胧意识十分可贵，因为他已经自发地从同类事物的个体中抽象出了该事物的共性。这就是孩子逻辑思维的萌芽。

逻辑思维是思维的一种高级形式，也叫"抽象思维"或"闭上眼睛的思维"。逻辑思维是人脑的一种理性活动，指大脑把感性认识阶段获得的对于事物认识的信息材料抽象成概念，运用概念进行判断，并按一定逻辑关系进行推理，从而产生新的认识。逻辑思维能力在一个人一生的任何阶段都起着相当重要的作用，是孩子成才最重要的智力因素之一。拥有良好的逻辑思维能力，能够让孩子在今后的数学、物理等理科方面的学习更得心应手，同时也有利于高智商孩子的培养。

如果逻辑思维的形成与发展缺少足够的刺激，仅靠自然形成，孩子的智力发育就会相对缓慢得多。6岁之前是孩子逻辑思维能力发展的萌发期，若能抓住这段时间进行有意识的培养，对于孩子的发展将起着奠基性的作用，能让孩子更加聪明。面对学龄前的孩子，父母完全可以运用各种手段，在潜移默化中进行启蒙教育。

一般来说，婴儿出生6个月后，便能够在父母的启发下初步理解两个相关事物之间的因果关系，如按动开关电灯会亮、摇动铃铛会发出悦耳的声响。过不了多久，孩子就会自己动手，验证这种因果关系了。满1周岁的婴儿开始有了"顺序"概念，而且很快会发现顺序的先后是可以随着自己的意愿做出改变的。此时，父母可以鼓励孩子表达自己的意愿，如先吃奶还是先玩，这样的选择可以不断加深孩子对时间和次序等抽象事物的理解。

2周岁的幼儿可以在父母的帮助下学习对不同的事物进行归纳和分类，并在实践中从个性中悟出共性。父母要选择一些孩子最熟悉也最感兴趣的事物，引导孩子根据物体的颜色、形状、用途等不同的标准来归类。

对于3周岁的幼儿，可以从不同的角度进行更深一层的抽象思维训练。比如，要求孩子说出麻雀、蝙蝠、老鹰、蜻蜓、飞机、蝴蝶、风筝等事物的共同点，即都会飞。再如，把各种颜色的事物归纳成若干类，把兔子、山羊、纸张、牛奶等归为白色类，把苹果、西红柿、红旗等归为红色类。通过这类抽象思维活动，孩子自然能够从中提取有关各种颜色的抽象概念。游戏也是训练孩子抽象思维能力的有效途径之一，包括数字类游戏、下棋、走迷宫、搭积木、玩魔方等。启发孩子用画出记忆中的家宅或学校，并将周边的房屋、花园、商店等也——清楚地标示出来，也能发展孩子的抽象思维能力。

4～6岁的孩子思维已经能够从形象思维向抽象逻辑思维逐步过渡。这个阶段的孩子对事物的认识已经不满足于停留在简单的表面上，开始对事物进行比较复杂、深刻的评价。在此之前，孩子看电视时只能简单地分辨出所谓的"好人""坏人"，这时已经知道"好人好在哪里""坏人坏在哪里"，还会用各种理由来说明他的看法。

对于这个时期的孩子，父母随时随地都可以做很多事情来促进孩子逻辑思维能力的提升。比如，可以通过多种途径丰富孩子的知识、增加孩子的经验，多给孩子动手的机会，孩子拆装玩具或积木时，帮助他们理解平面与立体的关系，和孩子玩图片分类和比较游戏，让孩子从具体的活动中学会归纳和抽象；利用孩子的好奇心，经常向他提出各种问题，引导他们去观察事物和现象等，让孩子通过想象来打开思路。有些父母片面地、刻板地教孩子多识字、写字、计算等，这对孩子的思维发展并没有好处。

6～11岁是孩子逻辑思维能力发展的关键时期。这一时期要培养孩子正确的思维程序，教孩子掌握科学的思维方法。一方面，可以通过逻辑思维能力题来训练孩子的逻辑思维能力。一只狗有4条腿，两只狗有8条腿，三只狗有多少条腿？像这类问题，就属于逻辑思维能力题，父母可以让孩子适当做一些，有利于活跃孩子的思维。另一方面，可以让孩子参与解决实际问题来获得一些基本的逻辑思维方法。我们的生活中经常会出现各种各样的问题，父母可以与孩子一起讨论、设计解决问题的方案，并付诸实施。这个过程中，需要分析、归纳、推理，需要设想解决的方法与程序，对于提高孩子的逻辑思维能力和解决实际问题的能力大有好处。所以，父母应该在解决问题的过程中有意识地帮助孩子掌握一些逻辑思维的基本方法，促进孩子的思维能力获得较快提高。这些基本方法包括比较、分析、综合、概括、抽象等。当然，方法的传授不能仅仅停留在理论上，应该在具体的生活情景或者例子中，用通俗易懂的话语讲给孩子听才行。

此外，独立思考能力是逻辑思维能力发展的关键，使孩子养成独立思考的习惯对于逻辑思维能力的发展具有重要意义。孩子遇到问题，不要直接告诉他答案，应启发他思考，鼓励他运用自己已经获得的知识和经验去解决问题，孩子自己得出答案时，会充满自豪和成就感，他的思维能力也会逐步提高。

我们之所以强调培养孩子的抽象思维，强调让孩子学会从个性中悟出共性，根本原因在于我们人类原本就生活在个性与共性的统一体之中。人类对事物的认识总是从个性开始，然后经过抽象达到共性。在小学和中学，需要机械记忆的知识极少，而所谓理解知识无非是掌握反映特定事物带有规律性的东西，即共性。学生语文课要学语法，数学课要掌握解题法则，这些知识之所以重要，就在于它们是对各种语言现象和数学现象的抽象概括。所谓"举一反三""触类旁通"，其奥妙皆出于此。

训练孩子多向思维的能力

美国著名儿童文学家、作家劳拉在其自传体小说中讲了这样一件事：一天，父亲给他们姐弟俩讲笑话。他说有一个人养了一只大猫和一只小猫，为此他在门上为大猫凿了一个大洞，为小猫凿了一个小洞……他的姐姐打断父亲的话，说小猫可以从大洞进去呀！劳拉却说因为大猫不让小猫走大洞，所以要凿两个洞。父亲夸奖他们俩谁都比那个养猫人聪明。

养猫的人之所以会为两只猫各凿一个洞，是因为他的思想受限于传统的单一思维，认为大猫必须走大洞，小猫必须走小洞，导致他给人一种很笨的感觉。事实上，按照劳拉姐姐的想法，只凿一个大洞就可以，这是行得通的。劳拉父亲对姐弟俩的赞扬是很有道理的，他实际上是在对孩子进行多向思维的训练。这给了我们很好的启示：许多问题，我们不应该仅为孩子提供一个标准答案，或是满足于孩子的一个答案，而是要引导孩子寻求多个答案。其实答案本身并不重要，重要的是能使孩子有兴趣去寻求答案，因为标准答案有时并非只有一个。

多向思维是相对单向思维而言的。单向思维是指单一指向的线性思维方式，认为一个问题只有一种答案，非此即彼，黑白分明，只能这样不能那样，所带来的结果是认识问题存在片面性和绝对性。多向思维则不一样。多向思维又称发散思维，是指从一个目标出发，沿着多种不同的途径去思考，探求多种答案的思维方式。这种思维要求从多方面、多角度、多层次认识事物和看待问题，思维不受点、线、面的限制，不局限于一种模式。其特点在于大胆创新，不受既有观念的束缚，能有效地避免思路闭塞、单一和枯竭。心理学家认为，多向思维是创造性思维最主要的特点，是测定创造力的主要标志之一。

进行多向思维时，大脑的思维模式呈现一种多维发散状态，表现为思维宽度较大、视野较为广阔，所以总能找到多个不同的方法解决问题。

一次，一艘远洋海轮不幸触礁，其中九位船员拼死登上一座孤岛，才得以幸存下来。可岛上除了石头，没有任何可以用来充饥的东西。更为要命的是，在烈日的曝晒下，水成为最珍贵的东西。

谁都知道，海水又苦又涩又咸，根本不能用来解渴。九个人唯一的生存希望是老天爷下雨或别的过往船只发现他们。在这样的等待中，八个人渴死在了孤岛上。最后一个人快要渴死的时候，他心想，喝几口海水一时也要不了命，总比现在就渴死强，没准还能撑到救援的船只来救他。于是，他扑进海水里，"咕嘟咕嘟"地喝了一肚子。喝完后，他一点儿觉不出海水的苦涩味，相反觉得这海水又甘又甜，非常解渴。接着，他就躺在岛上睡着了，醒来后发现自己已经获救。原来，由于有地下泉水的不断翻涌，这里的海水全是可口的泉水。其他八个人由于拘泥于单一的思维模式，不敢突破"经验"，所以没有活下来。而最后一个人却没有墨守成规，为自己多想了一条"活路"，可以说是一种多向发散的思维救了他。

多向思维对每个人都是重要的，孩子也不例外。如果让孩子的思维自发地发展，也就是说不给予任何有意识的训练，那么孩子的智力就得不到有效开发，潜能也就得不到充分挖掘。所以，父母需要给予孩子的思维一定的刺激，对孩子的多向思维进行开发和引导，孩子的思维才能活跃，孩子才能更加聪明。

首先，父母要树立多向思维的意识。

有这样一道智力题：晚上，一个房间里点燃了五支蜡烛，吹灭了一支，问第二天早上还剩几支蜡烛。孩子也许不经思考便会很快答出"一支"，即被吹灭的那支蜡烛。孩子确实没有答错，多数父母对孩子这样的回答往往也不会有什么疑义。这就是说，父母本身就没有多向思维的意识，所以才不会对孩子的答案提出疑义，自然也就不会引导孩子进行多向思维了。

事实上，此类智力题简单想起来"标准答案"只有一个，但经过多向思维，就知道会有多种正确答案。比如，如果燃着的四支蜡烛在夜里有一支被风吹灭，如果四支当中有一支较大因而到了第二天早上仍在燃烧……那么答案显然就不只是"一支"了。

上述的"如果"若都不违反题目的条件，答案便自然都是正确的。这里的关键是可以通过一个个"如果"，训练孩子进行多向思维，拓宽孩子思考问题的空间。所以，父母首先要建立多向思维的意识，并重视孩子多向思维能力的训练，孩子多向思维的能力才能获得提高。否则，孩子连训练的机会都没有，谈提高能力只能是一句空话。

　　其次，父母的引导很关键。

　　一天，妈妈发现读小学的儿子语文试卷上有一道题没有得分，但孩子并没有做错。于是，她就问儿子原因。儿子说："老师说，她的答案是标准答案。"

　　这是一道看图写话的题目，画面上是一个孩子在给小树苗浇水。儿子在题下写着"哥哥在种树"，结果被老师判为错，题下更正为"哥哥在浇水"。妈妈把儿子叫到身边，告诉他，"哥哥在种树"是正确的，可儿子坚持说老师说的答案才是正确的。

　　妈妈没有再和儿子说下去，因为她知道，在儿子眼里，老师是绝对权威。这个时候，妈妈正在思考一个更加重要的问题，那就是如何才能让儿子认识到自己的答案也是正确的。妈妈又把儿子叫到跟前，和儿子一道研究起那幅栽树的图。妈妈告诉儿子，这道题的画面可以说成"哥哥在浇水"，也可以说"哥哥在种树"，还可以说"弟弟在浇水"……儿子接道："也可以说弟弟在种树。"妈妈非常肯定地点了点头，抓住这个机会告诉儿子，一道题可能有多种正确答案，叫儿子再想想看。儿子想了一会儿说："小树长高了。"妈妈说："对！"儿子又说："我和小树一起长。"妈妈高兴地说："很好！"看着儿子积极思考的神情，妈妈知道儿子摆脱了教师标准答案的束缚，由单一答案思考出了多种答案，心里甚是欣慰。

　　最后，孩子还是疑惑地问妈妈，老师会不会批评他想了多种答案。

妈妈郑重地告诉他："你很正确！这样做很好。不光这道题的答案不是唯一的，以后遇到这类题也要想出多种答案。"孩子听后，高兴地笑了。

显然，老师的一个"标准答案"，把孩子原本应该算正确的答案否定了，阻碍了孩子多向思维的拓展。幸运的是，妈妈给了孩子及时、正确的引导，使孩子重新获得了多向思维的勇气。这位妈妈的做法确实值得我们借鉴，她除了没有受单一思维的限制外，还采取了孩子能接受的方式对孩子进行耐心的引导，不仅让孩子知道了自己的答案是正确的，还让孩子懂得了有时正确答案不止一个，同时又锻炼了孩子的多向思维能力。

再次，教孩子多角度思考。

请看《"0"的遐想》一文中体现的思维轨迹：

①"0"是一无所有，荒凉而神秘，但在改革者眼中，它又是待开垦的处女地。

②"0"是分界线。以"0"为界，一东一西，一南一北，一前一后，一左一右，两个方向，两条道路，差之毫厘，谬之千里。

③"0"没有质量，没有体积，只有位置。"万丈高楼平地起"，任何伟大的事业，无不是从无到有、从小到大，以"0"为起点的。

④"0"虽然代表"没有"，但绝非可有可无。在数学王国的三维空间里，它极其活跃而又变化无穷，犹如一个充满生命活力的小精灵。100和1000，只差一个"0"，意义却相差千里。

⑤在生活中，我们每个人都应该以"0"为友，时时牢记"千里之行，始于足下"，只有时时以"0"为新的起点，才能不断摆脱历史因袭的重负，才能在人生旅途上轻装前进。

经过这样的多角度思考，就可以对"0"的联想有充分的把握了。

和上面对"0"进行的多角度思考一样，父母可以引导孩子变换思考方式、打破常规，从不同方面思考同一问题，如"一题多解""一事多写""一物多用"等，训练孩子主动灵活地转换问题思考角度的能力。

　　引导孩子多角度思考问题时，孩子刚开始可能不会去"想"，父母不要心急，可先把自己想的讲出来，再引导孩子学着"想"，还可以和孩子比一比看谁想得多，等探索出多种正确答案时，孩子就会觉得这样的思考非常有趣，慢慢地就会形成思考习惯，受益终身。这里需要注意的是，既使孩子的答案是错误的，父母也不能指责孩子，或许可以问一下孩子为什么这么回答，并且对于孩子的思路给予肯定的赞扬，然后和孩子一起探索为什么回答错误，这样可以保护孩子积极思维的兴趣，是非常重要的。

　　如果在日常生活中形成了多向思维模式，孩子在学习知识时就不会盲目听信，解决问题时就会思路开阔、灵活自如。

训练孩子逆向思维的能力

　　我们先看一个故事：一位母亲有两个儿子，大儿子开染布作坊，小儿子做雨伞生意。两个儿子都有正经营生，老母亲本应高兴才是，然而她却每天愁眉苦脸。原因是她担心天下雨了大儿子染的布没法晒干，天晴了小儿子做的雨伞又没有人买。一位邻居就开导她，叫她反过来想：晴天，大儿子染的布很快就能晒干；雨天，小儿子的雨伞生意就能做得红火。从此，老母亲眉开眼笑，活力再现。

　　这就是逆向思维在生活中的应用，它可以将复杂的问题简单化。日常生活中还有许多逆向思维的例子。"司马光砸缸"的故事中，其他孩子都去喊人来把落水小伙伴从缸里救出去，司马光却果断地用石头把缸砸破，让水从破缸中流出，救出了小伙伴，就是运用了"破缸救人"的逆向思维。时装店经理不小心将一条高档呢裙烧了一个洞，用织补法补救那是欺骗顾客，于是经理突发奇想，干脆在小洞的周围又挖了许多小洞，并精于修饰，将其命名为"凤尾裙"，不料销路顿开，逆向思维为他带来了可观的经济效益。

不仅如此，逆向思维在发明创造的路上意义更大，可以创造出许多意想不到的人间奇迹。比如，爱迪生将"声音引起振动"颠倒思考为"振动还原为声音"，于是产生了发明留声机的设想；赫柏布斯把吹尘器的原理反过来，设计出新的除尘装置，结果发明了吸尘器；中田藤三郎采取了逆向思维的方式，分析出圆珠笔漏油的另一个因素——油墨过剩，巧妙地解决了圆珠笔漏油的问题。这里还有一个离我们的孩子更近的发明创造：

湖北10岁的小学生王帆发明了双尖绣花针，被中国发明协会授予专项发明奖。王帆曾仔细观察过大人们的湘绣绣花过程，看到绣花针刺到布下面，针尖朝下，需要掉转针头，才能再刺到布的上面来，又需要再次掉转针头刺下去，如此反复操作，非常麻烦。小王帆想，能不能不掉转针头进行刺绣呢？要不掉转绣花针进行刺绣，绣花针就必须对称，即让两端都是针尖。那么针鼻怎么办呢？经过思考，小王帆将针鼻选择在针的中段位置，发明了这种双尖绣花针。这种绣花针下面有针尖，可以刺透绣花布，从下面拔出针，上面也有尖，不再需要掉转绣花针就可以继续刺绣，减少了刺绣操作的步骤，提高了刺绣的速度，简单实用，非常新颖。

小王帆就是利用逆向思维的方法，把不对称的绣花针改为对称的，发明了双尖绣花针。可见，逆向思维有助于人类的发明和创造。

顾名思义，逆向思维就是与正向思维方向相反的一种思维方式，即把司空见惯的似乎已成定论的事物或观点反过来思考。逆向思维也称反向思维，是创造性思维的一种形式，它能使人突破旧方法的束缚，产生新的观念、新的方式，使难题得到解决。通常，人们遇到问题时，习惯于按照熟悉的、常规的思路去思考，即采用正向思维解决问题，并不是总能得到令人满意的结果。因为在实践中有很多事情利用正向思维不易找到答案，如此不妨运用逆向思维，可能会取得意想不到的功效。特别是当你陷入思维的死角而不能自拔时，应该尝试一下逆向思维，打破原有的思维定式，反其道而行之，说不定就会眼前一亮，豁然开朗。

日常生活中，孩子的某些创造性行为也往往得益于逆向思维。也就是说，从小注重培养孩子的逆向思维能力，可以拓展他们的思考方向，促使思维的广阔性、准确性和敏捷性发展，使智力得到很大程度的提升，不仅有利于孩子日后的学习和工作，尤其对于孩子学习数学具有特殊意义。

一般来说，当孩子长到四五岁时，就可以进行逆向思维训练了。这种训练主要在于帮助孩子学会从正反两个方面思考问题并做出判断，尤其要学会从相反的视角去看固有的观点、惯常的看法，并通过各种创造活动发展逆向思维。父母可以通过各种途径一边丰富孩子的知识，发展孩子的语言；一边从生活中的实例入手，结合孩子的认识能力，进行逆向思维能力训练，帮助孩子准确地判断事物，使孩子的头脑变得更加灵活。

孩子都喜欢和爸爸妈妈一同玩游戏，所以游戏是培养孩子逆向思维能力的一种有效方法。比如，和孩子一起玩经典的老游戏"石头、剪刀、布"。不过，这次要做点小小的改动。每一次，胜利者都要做"哭"的动作，输的一方则要做"笑"的动作，谁先做错就要认输。又如，让孩子根据"口令"做相反的动作。爸爸说"起立"，孩子就要坐着不动；爸爸说"举左手"，孩子就要举右手；爸爸说"向前走"，孩子就要往后退。总之，孩了要和爸爸的口令"反着来"才行。根据口令做相反的动作，可以在迅速反应中发展思维的逆向性和流畅性。这样的游戏生活中有很多，只要父母愿意和孩子做，随时都可以就地取材。

另外，生活中还有很多不用任何材料就能锻炼逆向思维能力的方法。比如，选择一些孩子喜欢的经典童话或寓言故事，引导孩子从别的角度重新构想故事的结局，让孩子意识到事物具有许多不同的方面，如"如果白雪公主听从七个小矮人的话，不吃毒苹果，她将会有怎样的结局"。又如，与孩子的日常对话中，可以通过转换句式的方式训练孩子的思维转换能力，如"'凳子在桌子下方'转换为'桌子在凳子上方'"。还可以让孩子说反义词，妈妈先说一个词语，要求孩子在比较短的时间内说出这个词语的反义词。这些方法都能锻炼孩子的逆向思维能力。

训练孩子的逆向思维能力，父母需要根据孩子的不同年龄和不同认知水平，由易到难、循序渐进地培养。久而久之，孩子就能学会逆向思考，思路也会越来越宽，思维能力将获得很大的提升。

四大方法提高思维速度

平时，我们会发现有的孩子做事总比别人慢半拍，跟他说话总不能及时得到回应，上课跟不上老师的思路，考试做不完所有的题目……这就是思维反应慢带来的结果。相反，有的孩子却总能比别人快一些完成任务，而且常常会出现茅塞顿开、恍然大悟、突发奇想等现象，这是孩子思维速度快的表现。

思维迟钝，对孩子各方面都会带来不利影响。比如，反应慢，和小伙伴一起玩的时候会被嘲笑，非常不利于孩子自信心的建立；课上对老师讲的知识不能及时消化，作业质量不高，长期下去会影响学习成绩；和别人交流，总是听不懂别人在说什么，也不能及时回应别人的话，这样会影响社交效果……而思维敏捷，孩子在各个方面都会表现得极其自信，能够快速、准确地解决问题，也能取得优异的成绩，同时能赢得良好的人际关系。所以，父母要重视孩子思维敏捷性的锻炼，尽早通过正确的引导和方法的传授，为孩子的成长奠定良好的基础。

◆培养直觉思维

直觉思维就是我们平时说的"直觉""灵感"，是一种整体性的、粗线条的、非常简略的跃进式思维。这种思维虽然是思维过程的高度简化，却能清晰地触及事物的"本质"，而且在创造性思维活动的关键阶段起着极为重要的作用。由于它省去了一步一步分析推理的中间环节，所以能大大提高思维的速度。

直觉思维往往能够帮助人们做出创造性的预见。爱因斯坦凭借他非凡的直觉能力，创立了"光量子假说"，对量子理论做出了重大的贡献；卢瑟福在其非凡的直觉帮助下，在原子物理学和原子核物理学方面做出了一系列重大的开创性贡献；阿基米德在浴室里找到了辨别王冠真假的方法；凯库勒发现苯分子环状结构更是一个直觉思维的成功典范。

但是，直觉的产生不是无缘无故、毫无根基的，更不是靠"机遇"得来的，它的获得虽然具有偶然性，却必须以扎实的知识和丰富的经验为基础，否则是不会迸发出思维的火花的。

直觉思维是完全可以有意识加以训练和培养的。父母培养孩子的直觉思维时，一方面要注重丰富孩子的知识和经验，培养孩子敏锐的观察力和洞察力，这些都是灵感产生的基础。另一方面，要引导学会倾听直觉的呼声，除去"跟着感觉走"表面的成分，细心体会、领悟，倾听它的信息、呼声，并当直觉出现时，不必迟疑，更不能压抑，要顺其自然、顺水推舟，做出判断、得出结论。

◆引导孩子学做思维导图

思维导图是由号称"大脑先生"的东尼·博赞创造的一种全新的思维模式和学习方法，它的核心价值在于能帮助我们像局外人一样看见自己头脑里"思想的地图"，将我们的思维过程通过图画的方式再现出来。它不仅将原本复杂的逻辑思维用简单的线条和图画来表示，让我们在大量信息中迅速掌握重点、明确层次，而且能增强思维能力，提高思维速度。由于思维导图强调对思维逻辑的重现，长期进行"思维导图"式的训练，能够极大地增强我们的联想能力和记忆能力，也就是说"思维导图"可以开发我们的大脑潜能。大脑潜能获得充分开发，思维的敏捷性自然也就提升了。

思维导图是将思想图像化的技巧，也是将知识结构图像化的过程，简单却又极其有效。据权威统计，使用思维导图可以提高学习工作效率20%，让学习者一周多出一天来。

父母可以在孩子很小的时候，就引导孩子学习这种思维模式。比如，可以让孩子把自己房间里的物品做一个思维导图，还可以让孩子把家里的电器做一个思维导图，或者用自己的玩具做一个思维导图，不会写字可以用画或符号来代替。孩子上学后，可以让孩子在学过的知识中每天找一个主题，做一个思维导图，如今天做家庭成员、明天做四季等。只要父母有心训练孩子的思维能力与思维速度，时时处处都有素材可以选用，长期坚持，孩子的思维水平将会获得很大提高。

◆鼓励孩子辩论

辩论是思维的较量，辩论过程不仅反映辩论者思维水平的高低，还能提高辩论者的思维敏捷性，发展创造性思维。辩论过程中，要想驳倒对方，就要不断想出对方意想不到的事例，同时要注意语言的逻辑顺序，不给对方看出破绽，就需要大脑高速运转，自然就能训练思维能力。

当然，这里的辩论不是正规意义的辩论。父母和孩子关于一个问题的争论、争辩都能算是辩论。父母随时可以和孩子展开一个话题，各抒己见。

6岁的儿子吵着要看电视，妈妈和儿子约定：儿子说看电视的好处，妈妈说看电视的坏处。如果儿子说得有道理，就让他看。这下，儿子的劲头上来了。

儿子："不看电视会无聊、会孤单、会寂寞。"

妈妈："看电视会近视。"

儿子："看电视可以学拼音、学普通话、学跳舞、学武术、学唐诗。"

妈妈："电视声音太大会耳聋，看久了会头痛、会呕吐，坐久了会驼背。"

儿子："看电视会开心、会很自由。"

妈妈："看电视做作业时会不专心，会失眠，会情绪不好。"

儿子："我可以学喜羊羊的聪明、勇敢。"

妈妈："电视会发烫，打雷时会烧掉。"

最后，儿子赢得了看电视的权利。

像这样的辩论，可以随时随地展开，不仅可以提高思维的速度，还能发展语言表达能力。

当然，辩论也是口才的较量，无论有多严密的逻辑，多有力的证据，多精巧的构思，嘴上说不出来，也只能缴械认输。同样，语言表达能力不强，说话磕磕巴巴，也会阻碍思维的流畅性，影响思维的速度。所以，父母还要注意从小培养孩子的语言表达能力，这也是提高思维速度的重要方法。

◆**培养良好的书写能力**

据美国《新闻周刊》报道，从某种意义上说，学习书写的过程，也是学习表达自我的过程。在学校，那些书写流畅的孩子成绩更好。美国大学教授史蒂夫的最新研究表明，尽管清晰的字迹易于辨认，但是书写流畅的学生完成书面作业的质量和数量都较高，学习成绩也更优异。所以，与美观相比，流畅和速度更为重要。

该研究还表明，从幼儿园到小学四年级，孩子通常边想边写，后来思维才与书写分开。如果孩子在书写过程中，总是停下来去想单词怎么拼写，那么他们表达思维的速度就会受到影响。

所以，要提高思维速度，培养孩子的书写能力也是必需的，这也有助于培养孩子今后需要的一种技能——记笔记。父母需要从孩子拿笔书写开始，就培养孩子良好的书写习惯。一方面，要关注孩子的书写姿势，重视书写的正确、端正与整洁。因为正确的写字姿势才能保证书写自如，提高书写水平，减轻疲劳。另一方面，要关注孩子的执笔方法正确与否，这关系到笔的控制能力、运笔的灵活性及书写的速度，直接影响书写效果。

提高思维速度还有很多方法，如克服单向思维、双手并用、练习脑筋急转弯、玩益智游戏、学习心算、尝试艺术创作等，父母都可以让孩子进行尝试，找到最适合孩子的方法，帮助孩子提高思维的敏捷性。

第 4 章　社交能力训练

交往是生活的需要

一个人生活在社会中，不与他人打交道是不可能的。卡耐基说过，一个成功者，专业知识所起的作用是15%，而交际能力却占85%。人际关系的和谐，交往本领的高强，是未来社会判断成功者的重要标准。现代社会的发展要求孩子必须重视交往，在与人交往的过程中学会自尊自重、不卑不亢，并且善于理解、尊重和帮助他人，以真诚、谦和的态度发展和保持融洽和谐的人际关系。这其实也是一个人社会适应能力高低的表现。

美国加州大学著名心理学家劳伦斯·哈特教授对一些孩子进行了长达10年的追踪调查，其间他仔细观察哪些孩子喜欢与人交往，哪些孩子喜欢独处，并对这些孩子的学习进行了跟踪调查。结果表明，那些善于与人交往的孩子智商较高，往往比较聪明活泼，上学以后学习成绩一般都比较好。哈特教授通过分析认为，从小善于与人交往的孩子，不仅容易与人相处得融洽，而且可以从其他人那里学到一些更广阔的知识。

儿童心理学研究也表明，幼儿如果拥有融洽和谐的人际氛围，他不仅会感到幸福，而且个性也会得到健康发展；如果不善于与他人打交道和正常交往，他的幸福感会下降许多，伴随他的更多的是孤独、寂寞、自卑和疑惑。

然而，我们现在的孩子表现出来的早期交往迹象却不尽如人意。有的孩子在家里活泼好动、聪明伶俐，而一旦到了一个新的环境或接触陌生人时就会变得胆怯腼腆、呆板笨拙；有的孩子遇到熟人时，即使大人强迫他有礼貌地打招呼，他也缄口不语，设法躲避；有的孩子在幼儿园里独自游戏，自言自语，显得很不合群；有的孩子与人交往则处处占强，横行霸道，显得盛气凌人。如果任凭孩子按照这个现状发展下去，那么势必会给孩子的成长带来不可挽回的损失，孩子将来也很难融入社会这个大家庭，并最终被社会所淘汰。

其实，孩子并不是生下来就是这样的，孩子表现出来的这些情况根源多半在于家庭。孩子一来到这个世界，首先生活在家庭中，他开始在这里学习与爸爸妈妈打交道，与他们沟通，处理与他们之间的各种关系，所以说家庭环境是影响孩子交往的首要环节和首要因素。这个环节出了问题，会给孩子的终身带来不利影响。

一方面，现在的孩子在家中都是"小皇帝""小祖宗"，爷爷奶奶、姥姥姥爷、爸爸妈妈疼爱一个孩子，这种爱往往会成为溺爱。在家里，他们满足孩子的一切要求，好吃的好玩的都让给孩子，孩子做得对与错都不去计较，使孩子养成唯我独尊、自私任性、霸道的性格。出门后，他们怕孩子摔着碰着，总是拉着孩子不放手；怕孩子被别人欺负，不让孩子跟别人玩耍。大人们的这些做法无异于把孩子养在一个"温室"里，一旦出了这个温暖的地方，孩子就会极其不适应，与人交往时不懂理解、谦让与合作，凡事以自我为中心，更不会去帮助别人。久而久之，孩子就会失去朋友，同时也失去了与人交往的能力。

另一方面，有的父母为了家里保持干净，不让孩子邀请伙伴来家里玩，偶尔有小朋友来玩，便会当面指责孩子们把屋子弄脏了、弄乱了，或者限制孩子们在家里的某些活动。这样，既伤害了孩子的自尊心，又影响了孩子与朋友间的友谊，结果小伙伴再也不愿来玩了，孩子也会失去交往的兴趣与信心。

另外，有的父母怕孩子与"不好"的人交往会染上不良习惯，所以限制孩子与人交往。然而，这种回避的态度不仅不能解决问题，反而会造成孩子对外界的人与事缺乏判断能力。这样的孩子一旦走出家门，走向社会，将会遇到很多无法独立解决的问题，从而产生很强烈的无助感，最终导致缺乏信心而无法面对现实。

父母的这些做法直接影响孩子的交往能力，所以想从小培养孩子良好的交往习惯与交往能力，父母首先要解决自身存在的问题，给孩子提供一个良好的心理交往环境，相信在轻松愉悦的氛围中，孩子一定能学会如何去感受别人的情绪、了解他人，然后在此基础上进行沟通与合作，达到自我提高、自我发展，成长为一个交往小天才。

幼儿期是孩子从自然人发展到社会人的重要阶段，利用好这一关键时期对孩子进行有针对性的训练，有利于孩子形成良好的人际交往，为孩子的终生发展打下坚实基础。

与同龄人交往必不可少

孩子成长的过程中，与同龄人交往是必须的一课。因为孩子人生道路上所需的想象思维、自我意识、自尊自信、道德习惯、个性特征、情商品质等都是在与同伴的玩耍中得到启蒙与完善的。这些都是孩子必须在同龄人社会中完成的社会化的重要组成部分，如果缺失这一部分，孩子的智商无论有多高，其社会化乃至人格都是有缺陷的。所以，若想让孩子将来在社会上立得住脚，并拥有良好的个性，开心幸福地生活，一定不能让孩子缺了与同龄人交往这一课，否则孩子必将在未来社会的大家庭中处于孤立无援的境地。

而且，与同龄人交往，也是孩子成长的需要。幼儿期的孩子非常渴望与同龄伙伴一起玩耍，彼此年龄差不多的幼儿非常容易相互接近，他们相见时相互微笑、拉拉手、摸摸对方就是渴望交往的信号。一项社会调查结果显示，几乎所有被调查的孩子都说，同伴的参与会使他们的玩耍更加精彩，会使他们玩得更加快乐。有时小伙伴们在一块虽是各玩各的，但有无小伙伴在场，情形是有区别的。有小伙伴在场时，孩子能用一个玩具玩出更多的玩法，玩的时间也更长；一些大人不屑的事，几个小伙伴在一起，会觉得乐趣无穷，如看蚂蚁搬家，一看就是大半天。可见，与伙伴一起玩，孩子的心里是充满快乐的，孩子的心情是愉快的。

研究显示，一个老人对生活的满意度取决于他的童年快乐与否。也就是说，孩子童年时期的快乐会给他带来一生的积极影响。一个孩子儿时喜欢和同伴玩耍，他就会觉得生活充满阳光，并用乐观的态度对待生活，生活中的磨难对于他来说只是一种历练，而不是折磨，这也是每个父母期望孩子拥有的生活态度。实践也证明，那些与同龄人相处不多的孩子，他们性格孤僻，不善交往，不会处理矛盾与冲突，没有勇气面对生活中的小失败，遇到挫折与困难束手无策，几乎没有朋友。相反，与同龄人或兄弟姐妹经常相处的孩子，他们懂得分享与合作，不怕失败，勇于面对困难，能很好地处理矛盾与问题，身边的朋友也较多。

人是社会中的人，孩子长大后总是要走入社会的，所以父母要重视并鼓励孩子及早与同龄人交往，让孩子从中探索、尝试和练习不同的交往技巧，在亲身体验中不断积累经验，为将来踏入社会做好准备。

◆相信孩子能行

有的父母总担心孩子在外面会吃亏，所以总不肯放手，使孩子迟迟不能融入同伴群体之中。想让孩子尽早与同伴交往，父母首先要相信孩子是有能力与人交往的，放下自己的过度焦虑，放手让孩子自己处理玩耍中的矛盾与冲突，孩子慢慢就能学会处理人际关系的技能。

◆创造交往机会

现在的孩子大多是独生子女，没有兄弟姐妹，而且由于大家都住在楼房里，相互接触的机会很少，导致孩子缺少与同龄人交往的机会。父母应多带孩子走出家门，在小区、公园、游乐场、亲子乐园等公共场合积极为孩子寻找同龄或年龄相仿的玩伴；还可以邀请孩子的小伙伴到家里来玩，也要允许孩子去小伙伴家里玩，增加孩子与同龄人交往的机会。

◆**激发交往动机**

有些孩子不愿意与同伴交往，即使在外边，也只和大人在一起，不会主动去找小朋友玩。有的甚至当同伴主动找他玩时，他也采取"回避政策"。这些孩子有的可能是因为天生个性内向，不愿与人打交道，而只喜欢与物打交道；有的可能是因为对大人过分依赖，难以产生找同伴游戏的动机；还有的可能是因为有负面的交往经历，如被同伴欺负过，为了保护自己免受伤害，他采取回避的方法。父母要做的首先不是强迫孩子与同伴交往，而是弄清楚孩子不愿交往的原因，然后对症下药，激发孩子产生交往动机。

◆**正确对待交往冲突**

小伙伴们在一起玩，发生冲突是不可避免的，一会儿这个哭了，一会儿两个争吵起来了，甚至还会出现大打出手的现象。这时，家长不要急于去制止，先看看孩子之间如何处理，也许你会发现他们通过让步、妥协、理解等方式把矛盾解决了。当孩子实在解决不了时，父母可以引导孩子明辨是非，教孩子谦让、宽容，帮助孩子解决问题。

这里最不需要的就是有些父母的"感情用事"，一看见自己的孩子哭了或被推倒了，就把孩子拉回家，不让他与同伴来往，更甚者还可能对孩子的小伙伴回以拳脚，骂自己的孩子没出息。父母这么做只会使孩子变得更加不合群，导致孩子不善社交，出现交往心理缺陷，缺乏人际交往能力，慢慢形成内向、懦弱、孤僻的性格。

◆**允许孩子自己交朋友**

在孩子选择玩伴或朋友方面，父母会考虑得相对周全、谨慎，"近朱者赤，近墨者黑"仍是大部分父母所认同的"真理"，所以他们会告诉孩子，不要和谁来往，要和谁多来往，殊不知孩子的心里并不是这样想的。孩子可能和某个玩伴熟悉了，喜欢经常与其一起玩，而这个玩伴却不是父母心中的理想人选。这时，父母如果强行干涉孩子的交往，就会打击孩子的交往兴趣与交往信心，很可能使孩子以后不喜欢与同伴交往了。父母要做的，就是引导孩子知道慎重交友的重要性，并让孩子学会对自己的选择负责，这样孩子在选择朋友上就会谨慎很多。

从小就与同龄人接触，孩子可以学到合作、竞争等一些基本的社会价值观念，可以通过辩解、说理、冲突等了解伙伴心中的陌生世界，感知自己与别人在处理问题方法上的差异，从而具有进攻的勇气、让步的涵养，同时获得胜利的体验、失败的教训。这样的孩子，才有可能实现社会化的过渡：既会表达自己的意见，又会考虑别人的感受；既讲道理，又讲策略；既坚持真理，又顾全大局。这样的孩子，无论是眼下，还是将来，都会是一个受欢迎的人。

社交，从沟通开始

有这样一则寓言故事：火山下面有一个村庄，这个村庄里的人说的每个字都会浮在空中，然后掉落下来。一天，火山爆发出"隆隆"的声音，村民们聚在一起商量该怎么办。有人主张爬到树上，让熔岩流过；有人主张做个大塞子，把火山口塞住；有人主张大家齐心协力赶紧修座桥，趁火山爆发前撤离村庄……大家意见不合，越辩论落下来的字越多，最后在人们中间筑起一道墙，把一个村庄里的人隔成了两边，沟通就这样断绝了。这时，墙一边有人提议大家统一意见，试着从别人的角度来想，他们很快达成了共识——修桥。此刻奇迹出现了，他们的眼前真的出现了一座桥，村民们沿着桥穿过峡谷，到达了安全的地方。原来，是大家的共识筑起了那座桥。

这虽是一则寓言，却意义深刻。它告诉我们，不会沟通，就达不成共识，对谁都不会有好处，甚至还会两败俱伤。当然，没有沟通，交往也就不会开始。

沟通是人们之间思想与感情传递和反馈的活动，目的是求得思想的共识和感情的通畅。事实证明，沟通能力好的孩子，伙伴都喜欢和他玩，有问题都乐于向他请教，他身边的朋友也比较多，长大后社交能力强，生活轻松愉快；而沟通能力弱的孩子，不懂得如何处理与伙伴之间的摩擦和冲突，人缘不好，朋友少，长大后会被社交问题搞得身心疲惫，快乐也无从谈起。

沟通是交往的起点，想让孩子拥有一个良好的人际关系，孩子的沟通能力父母不能等闲视之，而且要从小教给孩子一些沟通的方式、方法与技巧，帮助孩子与人顺畅沟通，给孩子的交往生活做一个坚实的奠基。

◆理解是沟通的基础

沟通的实质就是理解别人，并争取别人的理解。相互理解了，沟通就成功了一半。生活中，我们经常会碰到沟通不畅的情况，导致误解与隔阂，造成人际关系紧张，这是因为每个人都固执地从自己的角度出发，认为自己永远是对的，别人永远是错的，导致双方不能相互理解和坦诚交流。

其实，学会理解最重要的一点就是换位思考，即站在对方的角度想问题，"如果我是他，我应该怎么说、怎么做"。这一点做好了，理解别人就不是一件难事。

一天，男孩和女孩在小区玩耍。玩了一会儿，女孩要拿着自己的玩具回家，男孩不让，希望她再多玩一会儿，于是拉着女孩不让走，把女孩惹哭了。男孩的妈妈走过去，问儿子小妹妹为什么哭了。儿子理直气壮地说："她要回家。可是我还没玩够呢！"听到这儿，妈妈对儿子说："小妹妹要回家，也许是肚子饿了，也许是想喝水，也许是想妈妈了……你不应该拦着她。你想想，如果你是小妹妹，别人不让你回家，你会怎么做呢？"儿子若有所思地点了点头，还把小妹妹送到楼下，让她回家了。

男孩妈妈这样引导男孩，实际上就是在教他学习换位思考，男孩便很快理解了小妹妹的行为。看来，只要设身处地，真正地站在对方的位置替他着想，理解就是一件很容易的事了。

◆倾听是沟通的桥梁

沟通过程中，只有认真倾听，听懂别人说的话，才能理解他的真实想法，才能把自己的意见或建议反馈给他，也才能实现成功沟通。而且倾听还能让对方感受到你的诚意和对他的尊重，提高对方理解你的可能性，增加对方对你的好感，为你的人脉积累资源。

父母要教会孩子掌握倾听的技巧，帮助孩子学会倾听。首先，要让孩子集中注意力听对方说，不要表现出不耐烦的样子，尽力理解对方所谈的问题，并通过点头、微笑等方式对对方的谈话做出积极的反应。其次，让孩子关注对方的面部表情、眼神和体态，根据具体情况知道自己需要做什么，如对方兴奋的时候可以做出高兴的表情、对方沮丧时最好能及时做出抚慰的举动。再次，教育孩子不随意打断对方说话，控制自己，保持平静，抱着学习的心态，安静地听对方把话说完。最后，教孩子学会提问，最好问一些"你觉得这件事情怎么样""你会怎么去做"之类的问题，而且要注意问题不能涉及对方的隐私和敏感的话题，如"你爸妈是不是离婚了"等，否则会给对方带来伤害，导致沟通失败。

◆学会与人商量

不管是交往中遇到问题，还是想加入一个群体，与人商量总能收到较好的效果。商量给人一种友好、谦和的氛围，让人感觉你很有礼貌而不是强硬的无礼。这样的孩子总是受人欢迎的，无论是需要解决问题，还是想加入游戏，一般都能获得同意。相反，如果不管别人同不同意，只要自己喜欢或愿意，上去就抢伙伴手中的玩具，或者横冲直撞地跑进了别人正在玩的游戏之中，一下子打乱了人家的安排，这样的孩子只会让别人更加厌恶。所以，教孩子学会与人商量非常重要。

如果孩子想和别人一起玩，可以教孩子这样说："我可不可以和你一起玩？"想请别人加入自己的游戏，可以说"请你和我们一起玩，好吗？"或"你愿意参加我们的游戏吗？"游戏中遇到问题，可以说"我们一起来商量商量吧！"别人遇到困难，可以说"别着急，大家一起替你想办法！"得到别人的帮助后，可以说"谢谢大家的帮助！" 这样说话，别人很爱听，再大的矛盾也会得到解决！

◆巧妙说"不"

与人打交道，谁都愿意维持一个和谐的关系，不想轻易伤害朋友之间的感情。沟通也一样，如果沟通过程中需要说"不"，而我们直接说"不可以""不行""不可能"，则会伤害别人的感情，使沟通无法继续而导致失败。然而交往或沟通中，总有人会提出一些要求，而这些要求是我们心里不愿意做的，或是原则所不允许的，或是力所不能及的。这时，我们就会陷入两难的境地：拒绝，就会得罪朋友，伤害朋友之间的感情；答应，就会违背自己的意愿或原则，而且有时凭自己的能力根本做不到。如果父母教孩子从小掌握一些拒绝的方法，孩子就能从容面对别人的要求。

父母可以制造情景，让孩子体验一下被说"不"的感受，知道怎样的拒绝会让人比较容易接受，什么时候该坚决，什么时候该委婉。这里有一种最简单的拒绝方法——推迟法。遇到要求，可以教孩子说"我想好了再跟你说""我再考虑考虑"等，这是一种委婉拒绝别人的方法，别人也会从一再的推迟中明白孩子的意图，不会使双方过于尴尬。

当然，沟通中的这些技巧必须首先在家里练习。孩子一出生，最早接触和接触最多的人就是父母，父母平时会不会尊重孩子、理解孩子，会不会倾听孩子的想法，会不会允许孩子商量，会不会允许孩子说"不"，这些都对孩子的沟通能力具有影响。所以，父母要经常和孩子沟通感情，听听孩子的心声，理解孩子的行为，和孩子商量着解决问题，允许孩子表达不同的意见并委婉说"不"，提高孩子与人沟通的能力，帮助孩子增进交往。

身上长"刺"，所以被孤立

有的孩子没人喜欢跟他玩，有的孩子在群体中总是遭排斥，可孩子们不会无缘无故地不欢迎一个伙伴，这是有原因的。一般是因为这些孩子身上带着"刺"，伙伴们不喜欢，怕被扎着，所以总离他们远远的。这些"刺"实际上就是一些容易引起矛盾和冲突的行为，如不懂分享、自我意识太强、不懂退让等。父母要仔细诊断孩子身上让人害怕的"刺"，并有针对性地帮助孩子拔掉，孩子就不会被孤立了。

◆ "我的玩具，不给别人玩"

我们通常能够看到，有的孩子紧紧抱着自己的皮球，妈妈说让别的小朋友玩一会儿，他不肯，还会说"这是我的"。这其实是孩子不懂分享的表现。美国儿童教育顾问莎拉·里斯拉夫博士表示，孩子5岁前还无法理解"分享"的概念，然而一些基本规则可以从小时候就教起，如"轮流玩""他先玩，然后轮到你""你不玩了就让别的小朋友玩"。

孩子一般不让别人玩自己的玩具，是因为怕给了别人从此就不再属于自己了，或者害怕别人把他的玩具弄坏了。针对孩子的这种心理，父母可以清楚地告诉孩子："这个玩具是你的，亮亮只不过是借着玩一下，玩完了还会归还给你。他会很小心地玩，不会弄坏的。"孩子有了这个心理准备，然后再接着引导："你玩这个球已经很长时间了，亮亮一直在等着呢。现在轮到他玩了。"当亮亮玩完了的时候，父母可以告诉孩子："看，他不玩了，你还可以继续玩。"这样，孩子就能知道虽然亮亮和他一样喜欢玩球，但属于他的东西最终还能够回到他手里。

另外，孩子会接受父母这样的说法："飞飞先玩这个汽车5分钟，然后就该你玩了。"这个时间的设定会让孩子知道过一会儿肯定就轮到他玩了，他也就会放开手里的玩具。

这样慢慢引导，孩子就会渐渐懂得分享，就不会发生争抢等不愉快的事情了，而且会交到朋友，开始与同龄人交往，更重要的是会养成受用一生的分享品质。

◆ "我说了算"

现在的孩子大多都以自我为中心，无论什么事情，都要按照自己的想法去做，无论是谁，都要求人家服从自己，否则就会大发脾气。这样做会让伙伴觉得自己被忽视、不重要，于是失去一起做事的兴趣，最后离开。而剩下自己一个人时，又觉得没乐趣，而且想做一件事时才发现还需要有人帮忙，这时才觉得有些事是需要大家一起去做的。这其实是孩子不懂合作的一种表现。这样的孩子，别人也不喜欢和他做朋友。

对于孩子的这种表现，父母首先要让孩子知道，一个人的力量再大，也不能完成所有工作，许多工作都是需要集合大家的智慧和力量才能出色地完成的。比如，建造一栋别墅，一个人再有能力，也是不可能独自完成的。然后，要告诉孩子，想要在一起玩得愉快，就必须克制自己的愿望，服从多数人的意见，还要学会让步，让大家轮流做主，这样伙伴才愿意留下来继续玩。另外，鼓励孩子多参加一些需要团队合作的游戏，让孩子在游戏中体会合作的重要性。这样孩子才能学会合作，并在以后的交往中乐于合作，不断增强交往能力。

◆ "他上次把我推倒了"

"我不和他玩，他上次把我推倒了。""他拿了我的橡皮泥，是小偷。怎么能和小偷交朋友呢？""那个小石子本来是我拣到的，让他抢走了。"

看来，孩子确实受了不小的委屈。这其实是孩子不懂得宽容的一种表现。可是生活中这样的事情会经常发生，如果不对孩子的这种情绪进行正确引导，孩子也会逐渐失去朋友，对交往失去信心。

针对孩子的这种心理，父母要告诉孩子，生活中不公平的事情有很多，不用斤斤计较，让孩子试着以一种宽容大度的态度去对待伤害过他的人，不仅别人会被感动，自己也会觉得轻松很多。父母还可以鼓励孩子多参加一些社会活动，多接触一些人，多见一些世面，孩子就会觉得一些不公平的小问题不算什么，然后学着自己主动调节情绪，处理人与人之间的关系，慢慢提高自己的交往能力。

◆ "我就要这样玩"

孩子们在交往时，会自己制定一些规则来约束每个人的行为，谁破坏了这些规则，谁就会受到集体的排斥。只有自觉遵守集体规则的人，才能得到大家的喜爱，也才会有更多的朋友和他一起玩。如果一个孩子无视规则，规则明明规定"不许这样玩"，而他偏偏"就要这样玩"，他就会受到群体的攻击。这就是孩子不懂得遵守交往规则的一种表现。

针对孩子这样的行为，父母要告诉孩子，在集体游戏中，只有遵守规则，游戏才能有序地进行下去，如果每个人都不遵守规则，那就会失去秩序，乱成一团。父母还要让孩子知道，谁不遵守游戏规则，大家就不会欢迎他，他也就不能参加游戏。

日常生活中，父母不妨制定明确的交往规则，要求孩子遵从。比如，在餐桌上，不必每次都把孩子爱吃的东西全留给他，而是适当地分给其他家人，然后告诉他："好东西人人都喜欢，所以大家要公平地、轮流地享用，不能够一个人独占。"久而久之，孩子在与父母交往过程中学到的社交规则，就能被他逐渐内化并形成巩固的能力，慢慢地，孩子就会把这种规则意识运用到和同伴的交往中，也就能很容易地遵守集体游戏的规则了。

◆ "输了，不玩了"

孩子们在玩耍过程中，有时也会进行一些比赛，如谁跑得快，谁跳绳跳得多，谁踢毽子踢得好，下棋时谁赢的次数多。这本来是一件好事，既可以增加孩子与人交往的机会，还可以培养竞争意识。然而，这种好事有时却会因为有的孩子"输不起"而变得很扫兴。比如，两个孩子下棋，本来正玩到兴头上，其中一个孩子因为连续输了两盘，站起身来说，"为什么每次都是你赢，不玩了，总输"，说完一扭头走了。这样的孩子，恐怕以后也没人和他玩了。这实际上是孩子不会正确对待输赢的一种心理。

针对孩子的这种心理，父母首先要引导孩子明白输赢是常事，比赛中不是输就是赢，而且是输是赢这个结果并不要紧，重要的是享受比赛这个过程；让孩子知道，赢了，说明自己的技能又进步了，还可以帮助别人提高技能；输了，说明自己还需要继续努力，但并不代表自己永远会输。

父母在日常生活中可以多和孩子玩一些竞技类的游戏，如纸牌、象棋，还可以比赛唱歌、读报等，在这个过程中让孩子赢，也让孩子输，帮助孩子逐渐明白输赢的概念，知道如何去处理胜负所带来的情绪，以及帮助别人处理这些情绪。

总之，父母要想方设法帮助孩子不被孤立，这样孩子才有交往的机会，交往的能力才会不断提高。

好品质赢得好人缘

人际交往中，没有人愿意与高高在上、不懂礼貌、不诚实、不守信的人交往。想让孩子赢得良好的人际关系，就需要培养孩子与人交往的好品质。好品质是交往中的"硬件"，它犹如一块性能很好的磁铁，会将不同的人吸引到孩子身边，为孩子聚拢人气，增加孩子的人格魅力，为人际交往奠定人脉基础。

◆礼貌待人

礼貌是交往中不可或缺的重要品质。一个懂礼貌的孩子，给人一种很有教养的感觉，这样的孩子处处都是受欢迎的。有的孩子做不到礼貌待人，一方面是因为缺乏礼貌意识，一方面是由于性格内向、不善于表达。不管哪种情况，父母若不加以正确引导，孩子就永远不会懂得礼貌在交往中的重要性，他也就不会与人进行礼貌交流，这在很大程度上影响了孩子的交往能力。

父母平时要教孩子一些基本礼貌常识，鼓励孩子用礼貌用语和别人交往。比如，同别人见面时说"您好"，请求别人帮助时说"请"，接受别人帮助后说"谢谢"；做错事或打扰别人时说"对不起"或"打扰了"；玩完游戏各自回家时说"再见"；小朋友来家里时说"请进""请坐"；早上起床后跟妈妈说"早"，晚上睡觉前跟爸爸说"晚安"；见到长辈说"您好"；家里的客人离开时，要教孩子起身相送。这些都有利于孩子从小养成懂礼貌的好习惯。而这样的孩子，伙伴们都愿意和他玩耍，所以他的朋友也多。可见，教会孩子基本的礼貌常识，就是为孩子学习交往打开了大门。

◆尊重别人

尊重别人，才能赢得别人的尊重。相互尊重，则有利于交往。

一个高高在上的人，总是以一副骄傲的面孔和不屑一顾的态度和人说话，这本身就是对别人的不尊重，当然也不能换取别人的尊重。比如，有的孩子会跟伙伴说："我爸爸是局长，你们都得听我的。"有的孩子在班里是班长，经常会跟同学说："你们最好都听我的话，要不然我就去跟老师说你们不好。"这样的孩子，总把自己摆在高人一等的位置，会给别人一种不平等的感觉，别人自然不会愿意跟他相处。平等地对待他人是对别人的一种尊重，这是一个很重要的品质，孩子只有具备了这种品质才能跟他人建立良好的关系。

尊重别人还体现在用别人的东西要征得同意。有的孩子看见别人的东西，只要自己想用，也不给别人说一声，就擅自拿去用了。这也是对别人的一种不尊重，容易引起别人的反感。父母要告诉孩子，有些东西，自己没有而又想用，可以向身边的朋友借，但必须经过别人允许，而且借来的东西要爱惜，使用后如期如数归还并道谢；也可以教孩子用自己的东西去换借别人的东西，互换互借，加强交流，也可以培养良好的人际关系。

另外，尊重别人还体现在很多方面，如有礼貌地对人说话、不在背后议论别人、不嘲笑别人的短处等。孩子从小养成尊重别人的好习惯，会让自己的社交顺畅很多。

◆诚实做人

诚实是做人的根本，从小培养孩子诚实的品质，孩子长大后做人的招牌才会永立不倒。有的孩子总喜欢悄悄地把别人的东西装进自己的口袋，问起来还不承认，这样的孩子肯定是交不到朋友的。不仅如此，这种行为若不去管教，还可能发展为一种极其恶劣的品行，甚至使孩子走上犯罪的道路。

大部分孩子在玩耍过程中表现出来的不诚实，是因为孩子缺乏明辨是非的能力，是因为有虚荣心和好胜心，觉得别人有的东西自己没有，就想把别人东西据为己有，所以才会发生所谓的"偷"的行为和说谎。

培养孩子诚实的品质，完全可以在日常生活中进行。父母可以通过平时的言传身教，讲故事，分析身边小事，说明一些做人的道理，让孩子了解什么是对的、什么是错的，什么是应该做的、什么是不能做的，以及不诚实的行为会给自己带来什么不良后果；引导孩子不做不应该做的事，不说不诚实的话，如果无意中做了错事，要知道知错就改还是好孩子。针对社会上坑蒙拐骗的行为，父母要态度鲜明地进行批判，要让孩子坚信，这种弄虚作假的行为是必将受到惩罚的。这样，孩子就会养成诚实的优良品质，长大以后成为一个光明磊落的人。

◆信守承诺

有个成语叫"一言既出，驷马难追"，意思就是既然已经说出去了，就无法再收回。也就是说，许诺的事情一定要用实际行动去兑现，要信守承诺，否则就叫失信于人。一个说话总是不算数、惯于欺骗他人的孩子，在别人眼中是一文不值的。重信守诺的孩子，将更能承担生活的责任和使命。

日本流行一种"斗陀螺"的儿童游戏，按照规则，输方须将自己落败的陀螺送给赢方。这些陀螺往往是孩子一刀一刀用心削出来的，有时为了做出一个最"强有力"的陀螺，孩子可谓费尽了心思。所以，有的时候，输了的孩子难免会舍不得将陀螺"送"人。这时家长会教育孩子："要玩就要遵守规则，要么就不要玩。输了就是输了，要讲诚信。咱们可以再做一个更有力的，下次赢回来。"这其实是在游戏中教育孩子守信。

父母可以在日常生活中教育孩子守信，当然首先要以身作则，如和孩子玩游戏时保证自己是诚信的，再要求孩子在游戏中不能作弊；还可以结合具体事例或故事告诉孩子，"人无信则不立"的道理。让孩子知道，人若老是不履行自己的承诺，就很难赢得别人的信任，而失去了别人的信任也就失去了和人交往的基础。还要告诉孩子，答应别人的事情一定要设法办到，如实在无法实现，也要及时给予对方合理解释并请求原谅，不能让孩子轻易失信于人。

交往还需要更多的优秀品质，如正直、互助、包容、谦让等，这些都可以在生活中慢慢培养。对于孩子在交往中表现出的好品质要真诚地表扬，让孩子知道他的好品质是会得到别人肯定的，自然会促使他继续保持；而如果发现孩子表现出坏毛病，如不讲诚信、不尊重别人等，一定要及时予以批评指正，绝不能姑息放纵，否则会害了孩子。

小技巧提高受欢迎度

想让孩子快速融入一个群体，或者结交到新的朋友，聪明的父母会教孩子掌握一些小技巧，帮助孩子更受欢迎。

◆主动交往

一个孩子主动、礼貌地对人打招呼，会让人觉得他是一个真诚、热情、大方的人。这样的孩子会给人留下良好的第一印象，想成为群体的一员自然就不会是什么难事了。父母可以教孩子主动向别人介绍自己，主动表达自己想参与群体的意愿。比如，"大家好！我是明明。我想和你们一起玩，可以吗？"加入群体后，还要主动找话题与同伴交谈，以活跃气氛。

见到认识的伙伴，更要教孩子主动打招呼，还可以像我们大人见面时寒暄那样，笑一笑，拥抱一下，或者握握手，问候致意，这样大家会更喜欢你的孩子。父母还可以鼓励孩子主动邀请别人加入游戏，或者与别人交朋友，尤其是那些不善于主动交往的孩子，他们受到邀请后会很乐意参与交往，并从内心里感谢邀请他的人。

◆赞美别人

人都是喜欢被赞美的，不管是6岁的小孩还是60岁的老人。赞美给人的喜悦是无法形容的，孩子一句"你做得太棒了"可以让同伴获得极大的鼓励，并立刻对他产生好感，愿意和他在一起，给孩子增添了一种无声的凝聚力。比如，孩子的同伴画了一幅画，确实比自己的孩子画得好，可以教孩子说"你画得真好，比我的好看"。同伴肯定高兴，并愿意与孩子长期交往。如果有人给孩子送了一个玩具车，让孩子感谢别人是必须的，如果刚好这部玩具车正是孩子最喜欢的类型，那么在感谢之余还可以教孩子对礼物进行赞美，"谢谢阿姨，这样的玩具车最酷了，是我最喜欢的类型"，赠送的人肯定会更加高兴，而且会很满意。

当然，教孩子赞美别人并不是让他学会阿谀奉承等，而是教他发现别人的优点并欣赏别人的优点，然后发自内心地赞美别人。这样的赞美才能让人感到真诚，并收获喜悦。

◆来点小幽默

一个幽默的人往往最受大家的欢迎。有幽默感的人大都具有相当的才气、学识和机智，而且比别人更加豁达大度、坦率真诚。小朋友在一起玩耍或聚会的时候，假如你的孩子有许多生动活泼的小故事，或者诙谐有趣的小幽默，他就会大有用武之地。适当地讲几个小故事，说几则笑话，能使全场气氛活跃起来。此时，他会有良好的自我感觉，也会备受伙伴们的关注与欢迎。

父母有幽默感对孩子影响很大，父母幽默，孩子基本上也幽默。父母可以用自己的言行来影响孩子。比如，当孩子不小心碰到墙上时，一句"哇！宝宝，墙被撞坏了"，一定会让孩子破涕为笑。生活在这样的幽默氛围中，孩子会受熏陶和感染，自然变得幽默。

◆乐于助人

喜欢帮助别人的孩子，都有一副热心肠，他们更容易亲近他人，也更容易得到他人的亲近，具有很强的亲和力，能很快赢得大家的好感。父母可以引导孩子体察同伴的情感变化，如有同伴突然间显得很不高兴，可以让孩子关切地问一问为什么，认真地听他说，并帮助他想办法解决问题；玩耍过程中，如果同伴遇到困难，如搬不动东西时，可让孩子主动上前提供帮助；看见有同伴摔倒了，让孩子过去扶一把；好朋友生病了，让孩子主动看望或送个小礼物等，也能在无形中增进友谊。

◆仪表整洁

被父母打扮得干干净净、整整齐齐的孩子往往更能讨人喜欢。他们往往更能引起大人的怜爱，也更能吸引更多的同伴与他交往。相反，灰头土脸、衣冠不整的孩子常让大人避而远之，小朋友也嫌他脏、嫌他懒，不喜欢和他玩。他人的这种印象和态度对一个孩子的身心健康发展是极为不利的，父母一定要让孩子注意仪表、衣着整洁，穿戴不必名牌、昂贵，但要整齐、得体。

第 5 章　表达能力训练

表达是交流的媒介

一个人，无论是给孩子讲道理，还是和朋友聊天，也无论是谈生意，还是和上司、下属谈话，如果他能清楚地表达自己的意思，并用一种对方听着舒服的方式进行表达，对方便能顺利、准确、快速地领会他的用意，有利于他把想办的事办成。相反，如果表达的意思含糊不清，而且说话方式生硬、死板，让人既听不懂，也听着不舒服，交流就会中断甚至中止，交流目的也就不可能达到。可见，表达能力的强弱影响着交流的效果，也决定着自己的成败。

一家公司招聘行政经理，由于这种工作要事无巨细，总经理就拟定了一个题目，让应聘者谈自己对"细节"的看法。张华去应聘，按照事先准备好的程式，给总经理介绍了一番自己。他普通话不标准，方言较重，加上紧张，所以自我介绍也不是很流畅。最后，总经理问他如何看待"细节"。他先是想了一会儿，然后从嘴里挤出一句话："嗯……细节就是要注重小事，把小事做好。"总经理还在等着他继续说，可他却没了下文。

赵明也去应聘。他同样先做了一番自我介绍，说着一口流利的普通话，显得很自信。当总经理问他对"细节"的看法时，他是这样说的："老子说：'天下难事，必做于易；天下大事，必做于细。'把每件简单的事情做好就是不简单，把每件平凡的事做好就是不平凡，我们在公司的价值就体现在点点滴滴的细节中，体现在我们为公司做了多少实实在在、真真切切的事情。把细节当作大事去做，不仅能够提高细节的价值，更重要的是能够提升我们自身的价值。"听完，总经理当场拍板，录用赵明。

看得出，赵明凭借自己敏捷的思维和出色的语言表达能力赢得了这个职位，张华无论是思维上还是表达上都显得力不从心。生活中，只要是一个正常的人，就一定需要讲话、需要交流，而且没有任何一种工作不需要和别人打交道，有时一项工作往往需要多人的共同合作。而人与人之间交流思想、沟通感情最直接、最方便的途径就是语言表达。通过出色的语言表达，不仅可以为自己赢得理想的工作，还可以使相互熟识的人情意更浓，使陌生的人产生好感并结成友谊，使有分歧的人之间多一份理解，使有仇恨的人化干戈为玉帛。

语言表达能力是现代人必备的素质之一。在经济发达、重视信息的现代社会中，人们常常根据一个人的讲话水平和风度来判别其学识、修养和能力，要求人们不仅要有新的思想和见解，而且要能在别人面前很好地表达出来，以自己的语言去感染、说服别人。孩子是现代社会群体中的成员，语言表达能力对他们同样重要。孩子特别需要打开人与人之间沟通的大门，使彼此的心灵碰撞，产生共鸣。因为孩子只有真正学会了说话，把自己的愿望用正确的语句表达出来，才能自由地和人交往，同时也才能更好地接受成人传授的知识和经验。

然而现实中，很多孩子的语言表达能力都是差强人意。我们经常会听到一些家长抱怨，"我家的孩子都9岁了，有时连老师留了什么作业都表达不清楚""我家孩子上三年级了，说话结结巴巴，总是不能完整地把一件事情表述清楚"……这不能完全怪孩子，父母的责任是最大的。

当孩子第一次叫"爸爸"或"妈妈"的时候，爸爸妈妈的喜悦心情是无以言表的。随着孩子慢慢长大，说的话也越来越多了，不少父母有意识地培养孩子琴棋书画等各种专长，却忽略了孩子的语言表达能力。他们中有人不知道语言表达能力也需要训练；有人认为"说话谁都会"，生活在这个环境里，"慢慢长大了就会说清楚了"；有人认为没必要培养孩子"耍嘴皮子"的功夫，把话说出来，别人听得懂就行了；有人认为"少说多做""埋头做事"才是成才之道……殊不知，这些观念都会对孩子的沟通、交往甚至思维能力带来障碍。

语言表达的流畅、敏捷、精确，是孩子现有思维能力的反映，可以很好地促进孩子的大脑发育及思维能力的发展，同时能为孩子赢得良好的人际关系。所以，想让孩子更加聪明、思维更加活跃，并且轻松自如地与别人进行沟通和交流，为以后的生活打好基础，父母一定要在孩子小的时候培养他的语言表达能力，为孩子的成功打开第一扇门。

把握关键期，打好表达基础

幼儿期是语言发展的关键期。抓住这个关键期有意识地训练孩子的语言表达能力，能为孩子以后进行良好表达奠定基础。一旦错过了关键期，则可能使孩子思维呆板、语言笨拙，为交往和生活带来不利影响。

1~2岁的孩子，学习语言非常快，可以在短短的几个月中，从简单的单词过渡到完整的句子。这一时期也是孩子对外界最为好奇的时期，爸爸妈妈可以充分利用孩子的好奇心来锻炼他的语言表达能力。

3~4岁是孩子口语表达能力迅速发展的时期。这一阶段的孩子已经能够相当熟练地运用一些词汇，而且生活范围扩大，与人交往的意识和能力也大大增加，语言势必也会得到发展。父母可以根据孩子语言的发展情况，对他进行口语训练和培养。

5～6岁的孩子，能比较自由地表达自己的思想感情，有强烈的语言要求，乐于谈论每一件事，而且具有很强的逻辑思维，喜欢挑别人发音的错误，但对自己不能准确发音的词语却故意回避。孩子在6岁左右，不仅可以完整、连贯地说话，还会表现得大胆、生动、有感情，并喜欢在讲话过程中配合做肢体动作。

现实生活中，不少父母对孩子的语言能力训练缺乏目的性、系统性和持久性。比如，孩子咿呀学语时，往往出于逗孩子玩的目的教他说话，而孩子两三岁时却错误地认为孩子大了自然就会说话了，从而撒手不管，以致错过了语言发展的关键期，给孩子带来损失。现在，通过上面的讲述了解了语言能力对孩子的重要性及幼儿语言发展的特点，父母就可以有针对性地对孩子进行语言能力训练了。当然，训练一定要遵循孩子的身心发展规律，要循序渐进，不可急于求成、拔苗助长。

◆ **做好语言示范**

父母发音清楚、准确，是孩子学习正确发音的前提。所以，建议父母在日常生活中注意学说普通话，努力做到发音准确、语言规范、用词确切，尤其在孩子面前尽量节制使用口语、脏话和成人语言等，让孩子在潜移默化中学习正确发音。

父母称呼物件要准确，不要轻易使用代名词。比如，教"汽车"这个名称时，有的父母会用"嘀嘀"这个象声词来代替"汽车"，这样做会让孩子以为汽车就叫"嘀嘀"。所以，在教孩子认识汽车时，可以把"汽车"和"嘀嘀"一起教，让孩子知道这个玩具叫"汽车"，"嘀嘀"是汽车的叫声。

◆ **帮助孩子增加体验**

孩子会模仿他们听到的任何语言，所以即使孩子还听不懂别人说什么，妈妈也可以把日常生活中发生的事情清晰准确、生动形象地传达给孩子。例如，孩子洗澡时，妈妈可以对孩子说："小肚皮上是不是觉得温温的？""好了，现在该出来了。看看小手指的指肚，泡在水里的时间长了，都起了小皱褶。"穿衣服时，可以向孩子讲述你在做的事情："妈妈现在要给你穿裤子，先伸进左腿，然后再伸进右腿。"孩子长大一些后，这样的解说词可以更丰富一些。妈妈这样做不仅增加了孩子的体验，使孩子可以把语言表达与具体事情联系在一起，为以后的表达做好铺垫，更重要的是告诉孩子说出自己的想法有多么重要。

◆纠正错误发音

在学习语言的过程中，有的孩子能较好地用语言表达自己的需求，有的孩子在进行口语表达时却存在着发音不清晰、不准确的现象，如把"奶奶"说成"来来"，把"吃"说成"七"，把"狮子"说成"希几"，把"热"说成"乐"，把"苹果"说成"苹朵"等。这是因为幼儿的发音器官尚未发育完善，听觉的分辨能力和发音器官的调节能力都较弱，还不能正确掌握某些音的发音方法，或者是受方言影响所致，成人千万不要取笑和模仿。正确的做法是用正确的发音重复一遍孩子的话，孩子就会明白自己哪里错了，多练习几次就能掌握正确的发音。孩子说对了时，要给予鼓励和赞扬。另外，纠正一定要及时，否则形成习惯，再改就不容易了。

◆不要用儿语对话

孩子最初学说话时，经常发出一些重叠的音，如"抱抱""妈妈抱""妈妈抱宝宝"等，还会结合身体动作、表情来表达他的愿望。孩子用儿语说话，是因为他的语言发展限制了他准确表达自己的意思。有些父母因此以为孩子只能听懂这些儿语或觉得有趣，也用同样的语言与孩子讲话，如"洗手手""喝水水""吃糖糖"，这样做就很可能拖延了孩子的语言过渡到说完整话的阶段。

有的孩子本来讲话清晰流畅，可一见到父母就变得嗲声嗲气。碰到这样的情况，父母一定要明确地告诉孩子："我听不懂你的话，你把要说的事情清清楚楚地给我讲一遍，我才能明白。"孩子在父母面前难免会撒娇或耍赖，父母不能一味迁就，要让孩子学会用清晰、完整的语言表达自己的意愿和想法。

◆丰富孩子的词汇

在孩子应该学习词汇的阶段，父母可以抓住时机教孩子学说词汇，为以后连词成话打基础。例如，可以学说衣着、食物的名称，如"毛衣""饼干"；学称呼人，如"奶奶""爸爸""叔叔""阿姨"；学说礼貌用语，如"你好""谢谢""再见"；学说自然现象，如"春天""下雨"；学形容景象，如"蓝蓝的天"。反复巩固已学过的词汇，不断增添新的词汇，词汇丰富了，口语表达能力才有了基础。

◆引导孩子扩词成句

在孩子学说大量的物件名称以及周围人的各种称呼的过称中，父母要教孩子说短句，把学说名称同说短句结合起来。比如，孩子说"喝水"，可以及时教他说："我要喝水。"又如，桌子上有书本和各种学习用具，可以指着教孩子说："这是书，这是铅笔盒。"这种用讲解的方式学名称又学说短句的做法，能引起了孩子说话的兴趣。等短句会说不少了，再教孩子学说长句。

◆鼓励孩子完整地说

儿童感情丰富，但缺乏组织语言的能力。比如，有的孩子说"妈妈没有了"，意思是说"妈妈，我的画笔没有了"。父母要留心倾听孩子说话，要求他清楚而完整地说一句话或表达一件事。比如，"这朵花真美""马路南边新盖的那座大楼是白色的""这支铅笔真好使"。总之，要使孩子懂得一句完整的话，要表达出"谁是什么""谁做什么""谁怎么样"。

◆指导孩子连贯地说

孩子会说一些完整的短句后，可以训练孩子连贯地说话。这不是简单地增加一些词语，而是要求孩子用一些词语和短句来说明某一件事或表达自己的一些思想。这要求孩子对所描述的事物有充分的感知觉认识，然后才能用语言连贯地表达它们。也就是说，孩子连贯地说话，一方面依赖发音、说单词、讲短语的基础，另一方面必须依赖他对事物的直接感知或已有的感知经验。

父母可以一边做着某件事的动作，一边指导孩子连贯地用语言表达这件事，如送孩子去幼儿园的路上教他说"爸爸去上班，我上幼儿园"；还可以指导孩子一边看图片，一边连贯地叙述图片的内容，如"大象生病了，小鸡和小鸭手拉手，它们去看望大象"；也可以根据所处的季节指导孩子连贯地说，如"天气很冷，我跟妈妈上街，穿了大衣，戴了帽子和手套"。当然，孩子不可能一次学会，让孩子多说几次，自然就会说了。

◆鼓励孩子生动地说

孩子能连贯地说话后，可以鼓励孩子自己组织语言，把多种主要信息完整地表达出来，而且力求口齿清晰、用词准确、富于表现力。比如，孩子说："我要吃那个糖。"爸爸可以引导孩子说出"爸爸，我想吃那种黑色的巧克力糖"。父母还可以引导孩子用比喻的修辞方法说话，这样会使说的话更生动。比如，孩子说"阳台上的花开了"，妈妈可以问"怎么样开着呀？像什么？""像一只大蝴蝶，很好看。"

另外，父母平时说话用词要尽量丰富多样，避免语言单调贫乏。比如，比"好看"更确切的词可以说"漂亮""美丽"等。晚上，广场的灯亮了，用于形容灯的词有"灯火辉煌""五颜六色""五光十色"等。父母要有意识地重复一些新词语，并把它放在句子中来说，不断强化巩固，让孩子学语言一开始就有个高起点。

让孩子有话可说

丰富的生活经历是孩子语言表达的源泉，孩子见得多了，体验得多了，说的时候才能思如泉涌、言之有物，否则想说，但脑子里没有什么可供嘴上说的，说出来的话也是空洞的。所以，父母要有意识地帮助孩子丰富生活内容，为孩子的表达提供素材，让孩子有话可说。

◆多跟孩子说话

孩子的语言是在运用中不断发展的，如果只给孩子灌输听的内容，而不和他进行交流，那么孩子的表达能力就会受到很大的限制。随着科技的发达，不少父母已将与孩子交流的任务交给了冰冷冷的玩具、电视或电脑，将为孩子说故事的乐趣交给了录音机、学习机，让孩子面对各种无生命的"物"，忘记了孩子需要的是与活生生的人的交流。父母是和孩子接触最多的人，抓住一切可以和孩子交流的机会与他说话，帮助他熟悉语言，孩子才能对语言保持高度的敏感，这是锻炼孩子口语表达能力最初级的步骤。

在孩子还很小的时候，父母就要引导孩子说话。比如，孩子想要某种东西，往往盯着它或用手去抓，这时不要马上递给孩子，而是把它拿在手里，鼓励孩子说出自己想要什么，"我要苹果，我要会唱歌的娃娃……"如果孩子说不好，妈妈可以先做示范，让孩子"学舌"，然后再给他。还可以多给孩子讲故事，让孩子记住一些东西，长此以往就会积累许多词汇，有时还会脱口而出。

孩子长大一些时，可以寻找孩子感兴趣的话题一起探讨。比如，让孩子想一想自己见过什么样的汽车，喜欢什么样的汽车，希望汽车有什么样的功能，自己会设计什么样的汽车等，妈妈也可以说一说孩子没有说出来的。

这里提醒父母们，所选的话题不要脱离孩子的认知范围，孩子才能"说"出来。有个刚参加工作的教师，上第一堂作文课，让孩子们以《假如我当经理》为题写一篇作文，结果可想而知。孩子们对"经理"这个角色没有一点感性认识，怎么能写好文章呢？

另外，在成人交往的场合，父母总是让孩子在一边待着，不让他参与交流，"大人说话小孩子别插嘴"是一句惯用语，这也减少了孩子与成人或生人说话的机会。所以，父母只要不是在办公，就应让孩子参与大人的生活，必要时多让孩子成为情境的中心，让孩子讲述自己的想法、经历，促使孩子与别人进行口语交流。

◆多带孩子出去玩

孩子成长的过程中，父母要多带孩子接触社会生活，如到户外观察大自然，参观动物园、海洋馆、博物馆，游览名胜古迹，逛公园、商场、书店等，增长孩子的见识，丰富孩子的体验。其间，要引导孩子仔细观察，学会思考，并讲述自己的所见所闻、所想所感。这样，孩子就会在亲身体验中增进对语言的理解，同时会情不自禁地表达内心的感情。

比如，可以引导孩子观察春天："春天到了，大树、天气、人、花、草、小动物呀，都有一些变化，看到这些变化，就知道春天来了。你找一找，看一看，都有些什么变化，讲给妈妈爸爸听。"孩子就会根据自己的观察和亲身体会，为家长讲出自己的新发现。又如，孩子喜欢看大海，可以有意识地引导他通过听、看、摸，认真观察海水的颜色、波涛、天空的景色，再让他有条理地描述出来，讲给妈妈听。父母也可以很自然、轻松地跟孩子交谈有关感受。这种习惯非常有利于发展思维和想象，对提高孩子的语言表达水平很有帮助。

◆鼓励孩子多和小伙伴交往

与同伴交往是一种非常有用的生活体验。在与同伴交往当中，孩子不受拘束，交流更为轻松。比如，孩子们在游戏中会通过不断的协商制定出游戏的规则，协商过程中一些口语发展较快的孩子将起到示范、带头作用；交往过程中，一些谈论和争论也会很好地推进孩子的语言发展。协商、交谈与争论时，孩子会学习伙伴的一些词汇和表达技巧，而且印象非常深刻，并会将学到的语言运用到日后的交往中。作为父母，应多鼓励孩子和同伴进行交往、交谈，这不仅能促进他们的语言发展，而且对他们的性格和社交能力也有很大帮助。

◆多和孩子玩游戏

运用游戏丰富孩子的生活，可以为孩子进行语言表达提供内容。无论玩什么游戏，只要父母恰当引导孩子把自己的思想表达出来，都能发展孩子的语言能力，而且给孩子的体验是愉快的、记忆深刻的。比如，一家三口可以玩角色游戏，让孩子一边演一边讲述自己正在做什么；还可以进行词语修饰，把"风"说成"柔和的风""凉爽的风""刺骨的风"等。孩子心情愉快地玩各种游戏，不会觉得自己是在刻意地学习语言，而是在玩中轻松地说话，既锻炼了想象力、思维力、概括力，又培养对语言的敏感和兴趣。

父母也可把绕口令作为一种游戏和孩子来玩。这种形式生动活泼，孩子不仅自己喜欢说，还特别喜欢听大人说。说绕口令时，孩子会努力把一些易混的音说清楚，从而使发音得到练习，更重要的是可以锻炼孩子表达的流畅性。

◆培养孩子的阅读习惯

孩子阅读一些合适的书刊，不仅可以增长知识，还能为表达奠定坚实的基础。读的书多，掌握的知识就多，表达的时候脑子里就会自然地出现往日读过的知识，也就不至于不知道说什么。书刊中语言优美、逻辑性强、句子精练的好文章，或者是经典诗词，都是语言最精华的部分，将这些东西在理解的基础上背诵下来，使一些名言警句等深深地印在脑海中，表达时就能运用自如，而且能使表达生动得体。阅读要先从亲子共读开始，慢慢过渡到孩子独立阅读。

很多研究表明，孩童时代生活体验丰富，而且父母经常和他聊天、探讨甚至争论，这种环境下成长起来的孩子，比跟随整天待在家里、奉行"沉默是金"的父母一起成长的孩子拥有更丰富的词汇量，表达更清晰、更生动，表达方式也更加多样。所以，父母一定要重视丰富孩子小时候的生活内容，引导孩子多看、多读、多说，采取科学的方法和态度培养和训练孩子的语言表达能力。

锻炼孩子"敢"说

有时候，孩子不是不想说，而是不敢说。但是，如果不敢说，就不能表达自己的意思，别人就不会知道你的想法。所以，要与外界交流，首先需要敢说。不敢说，其实是一种心理原因。在不敢说的孩子中，绝大多数是因为天生内向胆小，不愿意开口多说，更不敢在人多的时候说话，尤其是在公共场合或正式场合；也有的可能是因为头一次说得不好而受到嘲笑，从而失去了说的兴趣与信心。这就需要父母通过各种方式帮助孩子进行尝试，使孩子突破"第一次"，帮助孩子建立自信并小心呵护孩子的自信，孩子的胆量就会慢慢变大，渐渐就敢于开口说话了。

◆为孩子创造说的机会

说的机会要从家里开始创造。一个宽松和谐的语言环境，可以为孩子有话敢说提供保障。

首先，父母要充分尊重孩子，把孩子当作一个独立的人对待，孩子才能有话敢说、有话愿说。这种尊重一方面表现为允许孩子有自己的想法，并鼓励孩子说出自己的意愿；另一方面表现为给孩子一个属于自己的独立空间，孩子往往愿意在这种自由的空间里大胆地说出自己想说的话。

其次，要为孩子提供多种表现自我和说话的机会，逐步减轻孩子对说话的恐惧，增强孩子大胆表现的欲望。比如，每天鼓励孩子把自己一天内开心或不开心的事情说出来，或者举办"餐前播报""故事比赛""自由交谈"

等活动，让孩子学着把生活中看到的、听到的、学到的通过自己的语言表达传达给爸爸妈妈。爸爸妈妈要表现得非常愉悦，让孩子体验分享的快乐，当孩子感受到说话的乐趣和成就感时，自然就愿意开口也敢于开口了。这不仅可以提高孩子的表达能力，还能让孩子在自信中期待下一次的表达。

◆鼓励孩子参加社交活动

孩子在家里敢说了，可以慢慢鼓励孩子与他人交流，一边锻炼胆量，一边锻炼表达。妈妈可以带孩子出去购物，鼓励孩子自己跟售货员沟通；还可以鼓励孩子参加伙伴的游戏，让小伙伴之间充分交流。把小伙伴请到家里来一起比赛说故事、说绕口令、猜谜语等也是一个好办法。孩子们在一起玩时，父母最好不要干涉或打扰，因为有大人在场时孩子是拘谨的，而只有伙伴在场的空间是宽松自由的，孩子才愿意表达、敢于表达。

另外，父母还要鼓励孩子积极参加幼儿园或学校的集体活动，尤其是像主持活动、朗诵活动、演讲比赛等，非常能够锻炼胆量和信心。

◆耐心听孩子说话

孩子由于语言表达能力不强，常常不能完整清楚地表达自己的意思，这时有些父母嫌孩子耽误工夫，往往在孩子刚一开口说话就简单地用"啊""哦"去敷衍，或用"知道了"等方式去打断孩子的话，这样孩子就不能把想说的话说完，也就失去了说话的机会。这其实在很大程度上遏制了孩子说话的积极性。还有些父母，一见孩子说不明白就斥责孩子，"你都多大了，连一句话都说不清楚"，这同样会挫伤孩子说话的积极性。

长期生活在紧张压抑的语言环境中，孩子就会变得不想说，而经常不表现就会慢慢失去自信，也就不敢说了。作为父母，一定要耐心听孩子把话说完，告诉孩子慢慢说，不要着急，并鼓励孩子说出完整的句子，这种引导会让孩子觉得你在理解他，不嫌他说得不好，孩子的自信心就会逐渐增加，敢于表达。

尤其对于口吃的孩子，父母要给予孩子更多的关爱和理解，一般不要让他与很善辩的孩子在一起议论问题，或是与孩子抢着说话，更不能责备孩子，否则会使孩子受到刺激后着急，更加张不开口，说话更加结巴。父母应该鼓励孩子慢慢讲，把话说清楚，或者诱使孩子动脑筋想好了再说，也可加强对孩子的口语训练，教孩子唱歌、讲故事，采取多种方式锻炼孩子说话，给予孩子自信。

◆不要指责孩子

在需要表达的场合，如大人之间的朋友聚会或学校的活动表演中，有的孩子会出现脸红窘迫、木讷呆板、吞吞吐吐、一言不发或三言两语一带而过等表达问题，这常常令父母很生气，于是就出现了不和谐的声音："你怎么不说话，你是哑巴吗？你长嘴是干什么用的，就知道吃啊！关键时刻就掉链子。"这种指责只能让孩子产生自卑情绪，并对自己的能力深表怀疑，导致孩子越来越不愿意表达了。久而久之，孩子说话的积极性就没有了，使孩子由有话想说却不敢说发展到有话不想说也不敢说。

另外，如果孩子所说的与大人期望的或与实际答案不相符，甚至完全是错误的，父母也不能责骂或嘲笑孩子，而是要引导孩子下次说话时要稍作思考，或者鼓励孩子多读书，多积攒一些资源。当然，父母不能用成人的标准要求孩子用准确的语法进行完美表达，要求太高，而孩子说得不好，很可能会让孩子觉得太难，从而不想去学习。

所以，想让孩子敢于开口表达，父母需要为孩子创造一个毫无心理负担的练习环境，对孩子多一点耐心、理解和宽容，并运用恰当的方法引导孩子开口说话。

◆多给予孩子鼓励

鼓励最能增强孩子的自信，而自信直接影响孩子的学习态度和努力程度。自信心的树立一方面与成功的体验有关，另一方面与父母的鼓励与赞扬有关。对于胆小、自卑的孩子，父母要鼓励他根据自己的理解大胆表达，不必拘泥于任何形式。尤其是当孩子第一次在众人面前开口说话，哪怕说得不好，也要真诚地赞扬孩子的勇敢，并坚信孩子下一次能说得更好。

在父母的鼓励下，孩子就会乐于表达，并一次次进行练习和实践。当孩子最终自信流畅地表达过一次之后，那种成功的喜悦会成为孩子主动表达的动力，给予孩子更大的勇气和自信，孩子就更加敢说了。

"能说会道"最受欢迎

"能说会道"就是我们平常说的"会说话"，是指在恰当的时机，对恰当的人，说出恰当的话。要真正达到这一境界，不是一件简单的事。有些人一辈子都学不会说话。所谓"一句话把人说笑，一句话把人说跳"，说的就是会说话的人只要一句话就能让人快乐起来，不会说话的人一句话则能让人暴跳如雷。

古代有一位国王，一天晚上做了一个梦，梦见自己满嘴的牙都掉了。于是，他就找了两位解梦的人。国王问他们："为什么我会梦见自己满口的牙全掉了呢？"第一位解梦的人说："皇上，梦的意思是在你所有的亲属都死去以后，你才能死，一个都不剩。"皇上一听，龙颜大怒，杖打了他一百大棍。第二位解梦的人说："至高无上的皇上，梦的意思是您将是您所有亲属当中最长寿的一位呀！"皇上听了很高兴，便拿出了一百枚金币，赏给了他。

同样的事情，为什么一个人会挨打，另一个人却能受到嘉奖？原因就是挨打的人不会说话，受嘉奖的人会说话，仅此而已。可见，会说话是一件多么重要的事情。不仅是古代，现代社会更注重口才，谈生意也好，求职和在职场推销自己也好，会不会讲话，结果是截然不同的。

一个单位要进行人员精简，两位给领导开车的司机必须裁掉一个。于是，两人竞争上岗。甲司机讲了十多分钟，意思大概是说，"如果我还能开车，一定把车收拾得非常干净，遵守交通规则，保证领导的安全，做到省油……"乙司机只用了一分钟就结束了。他说："我过去遵守三条原则，现在我还遵守三条原则，如果今后用我，我还将遵守三条原则：第一，听得，说不得；第二，吃得，喝不得；第三，开得，使不得。"

领导认为，乙司机说得非常好。"听得，说不得"，是指领导坐在车上研究一些工作，往往在没讲之前都是保密的，司机只能听不能说，说了就是泄密；"吃得，喝不得"，意思是司机要经常陪领导到处开会，到处参观，吃饭还是要吃的，但是千万不能喝酒，这就是保护领导的生命安全；"开得，使不得"，就是领导不用车的时候，自己也绝不会假公济私、私自开车，这是公私分明。领导最后决定，乙司机留下来。

这就是会说话产生的效力。看来，嘴上功夫不出彩的人，不会成为出类拔萃的人才。有些人很有知识、专业知识水平很高、工作很出色，就是因为表达能力很差，言谈拘谨慌张，逻辑思维混乱，一讲话就语无伦次，虽有好的经验、好的见解，却是"茶壶里煮饺子——倒不出来"，一辈子也只能平庸而过。

当然，我们的孩子不可能一下子把话说到这种境界，但父母培养孩子会说话的意识是必须有的。在孩子成长的阶段，父母同样要引导孩子"会"说，这是指在孩子想说、敢说的基础上，让孩子把话说得更生动、更贴切、更让人爱听。

我们常常看到电视上那些做节目的孩子，台下那么多观众他们却不胆怯，说起话来头头是道，滔滔不绝，像个"小大人"似的，他们有时说的话让我们成人都感觉惊讶；有的孩子语言表达能力却不尽如人意，语言思路不清，说话吞吞吐吐，甚至基本意思都表达不清楚，就更不用说把话说得好听了。这除了有个体差异的原因之外，更重要的还是孩子平时锻炼得不够或父母引导得不够。"能说会道"是可以通过训练获得的。父母可以科学地对孩子进行训练，并教给孩子一些说话技巧，让孩子把话说得让人爱听，"能说会道"的能力就指日可待。

◆**委婉地说**

交谈的语言魅力不仅在于丰富的思想内容，还在于凭借得体的表达融洽彼此的关系、凭借委婉的技巧说服对方同意自己的观点。同样一件事，很直白地说出来可能会伤害人的自尊心，或者不容易让人接受，委婉表达则符合人的心理习惯，很容易博得人的认可，让人接受。

触龙劝说赵太后，没有开门见山地游说，而是采用委婉的方式因势利导，使赵太后认识到其中的玄机，最后实现了自己劝说的目的。所以，掌握委婉的表达艺术很有必要。委婉的表达，不仅是沟通的需要，还是个人修养的体现，能够增加自己的魅力。父母也要鼓励孩子学习含蓄委婉的谈话技巧，并在与家长或伙伴的交谈中尝试运用，一定能收到不一样的交谈效果。

◆**形象地说**

谈话中，有些话或有些深奥的道理只用语言一味地去讲解，可能解释不清。如果能形象地打个比方，不仅让苍白乏味的语言立刻变得生动，而且能很快把自己的观点传达给对方，引起对方的共鸣。

战国时期，墨子和他的学生子禽曾有这样的一段对话："老师，话说多了好还是少了好？"墨子说："池塘的青蛙日夜不停地鸣叫，可有谁去理会呢？雄鸡在天亮时只叫一两声，就引起了人们的注意。"墨子巧妙地引用青蛙和雄鸡做对比，简短而形象地说明了话不在多而在精的道理。

交谈中，可以教孩子适当运用比喻来阐述自己的观点，使谈话更加生动、具体而又别开生面，不仅通俗易懂，让人易于接受，还能增加自己的语言说服力，获得良好的表达效果。

◆**真诚地说**

真诚地说，就是用自己的真情实感打动别人，把话说到别人的心坎里，让别人觉得你就是他的知音。"嗯，嗯，就是这样，你怎么知道我心里是这么想的……"这就是真诚取得的效果。比如，孩子被人冤枉，有些不高兴，妈妈看出来了，可以对孩子说："妈妈知道你受委屈了，特别能体会你现在的感受。不就是说你向老师告的状吗，妈妈知道你没有那么做。妈妈相信你。你明天去学校给同学解释一下，他会相信你的。"或者是与同事相处，同事因为某事闷闷不乐，你可以和他推心置腹，告诉他"我曾经也遇到类似的事情……"你们之间的距离会立即拉近许多，他会对你产生好感，非常乐意接近你，同事之间的关系也会慢慢升级为朋友关系。

父母平时要表现出对孩子及对他人的真诚，让孩子在潜移默化中获得这种品质。同时，可以有意识地训练孩子这方面的技能，教孩子在与人交往中表现出友好与真诚，把话说到别人的心坎里，这会为孩子的人际交往锦上添花。

◆**巧妙地说**

交际活动中，常常会突然发生不愉快的事，使气氛一下子变得沉重或尴尬，这时如果能妙语连珠便会使气氛缓和或变得欢快，往往能赢得大家的敬佩。

一位导游带着她的旅游团游玩黄山，下山的路上，一位华侨老太太的裙子被树枝挂了一个口子，老妇人顿时脸色大变。这时，导游小姐赶忙跑过去，说道："夫人，您看这黄山对您的情意多深呀，它想拉住您，叫您多看几眼，不愿您匆匆离去！我们这么多人都没这'待遇'呀。"导游小姐的巧妙联想，让老太太眉开眼笑。

　　用妙语化解不适宜的气氛，既是交际的需要，也是一种智慧。父母可以在日常生活中表现得风趣一些，让孩子耳濡目染，同时教孩子多观察、多学习，培养孩子机智灵活、幽默风趣的思维和口才。比如，小朋友在你家不小心摔碎了水杯，不仅要教孩子用宽容的态度原谅小朋友，还要让他用话语缓和一下紧张的气氛，可以说"没事没事，碎碎（岁岁）平安嘛"，这样气氛就会马上轻松不少。掌握了这个技巧，孩子一定能够在交际活动中随机应变。

　　把话说好的方法还有很多，如怎样安慰别人、消除误解、摆脱困境、变被动为主动等，父母可以随着孩子表达水平的不断提高，循序渐进地教给孩子，相信孩子长大后一定会成为一个"能说会道"的人。

第 6 章　创造能力训练

创造力使生活生机勃勃

爱因斯坦说："创造力比知识更重要，因为知识是有限的，创造力却几乎概括了这个世界的一切，它推动技术进步，它甚至是知识的源泉。"的确，人类社会发展的历史就是一部充满创造的历史。那些与我们生活息息相关的林林总总的发明，如爱迪生发明电灯、贝尔发明电话、莱特兄弟发明飞机等，以及从窑洞到摩天大楼、从马车到宇宙飞船、从松明到人造太阳的创造等，都是创造力的具体表现。如果这些伟大的科学家缺乏改变现状的创造力，因循守旧地生活，那么人类进程的车轮将不会转动得如此快速。

创造力不仅体现在科学技术领域，它对我们生活的方方面面都很重要。比如，创造力对经济就具有很大的影响。有关数据表明，全世界创意经济每天能创造220亿美元，并以50%的速度递增。正如心理学家米尔格拉姆所认为的，"世界上所有美好的事物都是创造力的果实。"可见，人类社会的发展需要创造力，创造力使生活生机蓬勃，而缺乏创造力的生活注定是乏味的、死气沉沉的。

所谓创造力，是指按照一定的目的，运用一切已知信息，产生出某种新颖、独特、有社会或个人价值的产品的能力。它并不是漫无边际、天马行空式的创意，而是能提出问题、解决问题并创造新事物的能力。相对来说，并不是聪明的人就一定有较高的创造力。事实上，历史上很多有成就的人，本身智商不一定很高，书也不一定读得呱呱叫，但却因为点子多、心思巧，遇到问题不放弃，所以成就比一般人高出许多。

提起创造力，不少人似乎觉得很神秘，经常把它与爱迪生等大发明家联系在一起，怎么也不会想到普通的孩子也有创造力。其实，创造力并不是少数发明家专有的，凡是思维健全的成人和儿童都具有创造力。还有些人总是容易把创造力限定在创作艺术品或音乐作品的艺术能力上，这种观念也是片面的。

心理学家把儿童的创造力描述为：回忆过去的经验，并对这些经验进行选择和重新组合，最后加工成新的模式、新的思路或创造新的产品的能力。日常生活中，有的孩子可以把积木搭成小猫的房子，可以画出在月亮上荡秋千的图画，可以想象会飞的沙发带他去旅游，这些对成人或许不是新鲜事物，甚至被认为纯属胡思乱想，但对孩子而言却是全新的。这些完全可以视为儿童创造力的表现，视为真正创造力的雏形。

儿童的创造不同于成人，它建立在相应的心理水平和知识经验的基础之上，是不断发展变化的。儿童的创造没有强烈的目的性，没有定型的行为模式，不受规范、习惯的限制和制约，思路开阔，自由空间较大，最充分地表达了现有的水平。有人将儿童的创造归纳为3个特点，即儿童的创造是一种"心向"、儿童的创造没有心理上的"惰性"、儿童的创造就是善于组织自己的"材料"。总的来说，与成人特别是与发明家、科学家相比，儿童的创造力仍然处于较低水平。所以，我们不能用评价成人创造性活动的标准来评价和考察儿童。

一般而言，有创造力的孩子，对人与事物较为敏感，点子多、问题多，常常是打破砂锅问到底，而且不会轻易满足简单的答案；他们回答问题时有自己的看法，不按常理出牌，喜欢为事物想新奇用法，好奇心强、想象力丰富，充满幽默感，喜欢做较难、较具有挑战性的事，对有兴趣的事很专注，而且多才多艺。然而，我们中国孩子的创造力总体情况却不容乐观。教育进展国际评估组织对世界21个国家所做的调查显示，中国孩子的计算能力排名世界第一，但是想象力排名最后，创造力倒数第五。创造力的僵化与缺乏是可怕的，"失去创造力无异于裹足而行，而缺乏创造力，小到对个人的成长，大到对时代的进步，都是有很大损失的。"孩子是世界的未来，是我们的明天，没有创造力的未来世界是我们所不想见到的。可见，培养孩子的创造力是多么重要。

创造力的培养其实并不像一些父母想象的那样高深莫测、无从做起，却正如陶行知先生所指出的"处处是创造之地，天天是创造之时，人人是创造之人"。日常生活中，时时处处都蕴含着创造契机，关键在于我们做父母的能否意识到、把握住，并及时恰当地引导我们的孩子。研究创造力的学者喜欢将创造力比喻为"点石成金"的技术，他们鼓励父母，如果没有能力给孩子金块，那么就教给孩子"点石成金"的功夫吧！

扼杀孩子创造力的"凶手"

一天晚上，一位父亲带着3岁的儿子到外边散步，儿子忽然指着天空中的明月问："那是灯吗？"父亲机械地回答说："那不是灯，是月亮。"但儿子还是坚持说月亮就是灯。父亲刚开始觉得儿子很愚蠢，可听着儿子的一再坚持，他仔细一想，觉得儿子并没有说错，因为月亮确实有照明的功能。而在中文里，"明"字就是"日""月"相加。

这位思前想后才发现月亮与灯之间有联系的父亲就是著名心理学家、哈佛大学博士岳晓东。按他的话说，在儿子面前，他才是"愚蠢的父亲"。就是这件事，引发了他对中国人缺乏创造力的根源的思考。

经过多年的思考与研究，心理学家岳晓东认为，有四大因素制约了中国人创造力的发展。思维标准化是扼杀创造力的首要因素。这突出表现为思维功能固着、权威迷信、思维惰性，这是时下"应试教育"不可避免的后果。知识无活力化是导致创造力不足的另一重要因素。它使学生对于知识的获取

"见树不见林，学不致用"，即学生不能主动、有效地将所学的知识用到生活中去，缺乏学以致用的愿望与实践。发散思维发展受阻也是创造力不足的一个重要原因。发散思维不追求唯一正确答案，试图就同一问题沿不同角度思考，提出不同的答案。这是创造力的重要前提。还有一个阻碍创造力发展的重要因素，那就是"创造力认知非凡化"。也就是说，中国人对创造力的认识一向受到"非凡论"观点的影响，即将创造力与科学技术的重大突破和发明联系起来，认为创造力是少数天才人物的专长，是特殊能力的表现。

导致这些因素的原因是多方面的，家庭教育是主要原因之一。因为儿童时期是培养创造力的关键时期，所以创造力需要从孩子小时候培养，这一点只有家长可以做到。然而，不少父母对创造力的认识和对创造力的培养态度却不是很科学，这直接影响了孩子创造力的发挥。

首先，父母的溺爱剥夺了孩子创造的机会。

父母对孩子的所有事情一手包办，不让孩子干任何事情，哪怕是孩子自己的事情，这使得孩子不得不事事依赖父母，不能独立思考，不能独立做事，不能独立行动。这样的孩子连自主自立都不能做到，还谈什么创造力。这些父母一般不懂得科学的家庭教育，只顾眼前让孩子过得舒服，不考虑孩子的将来，就更不知道还要培养孩子的创造力这个问题了。

处在父母溺爱中的孩子，不会创造性地解决问题，遇到需要自己想办法解决问题时，表现得束手无策，而且不能忍受自己的需要得不到满足的状态，不能积极巧妙地设法满足自己的需要。而创造性正是要求用不同于别人解决问题的方法解决问题，而且要求在达到目标、满足需要之前能忍耐不满、巧妙地设法迂回，以求获得推迟的满足。看来，培养孩子的创造力是必要的，也是重要的。

因此，作为父母，无论多么爱孩子，也不能对孩子的一切事情全部代劳。我们建议你赶紧放手，让孩子做力所能及的事情，给孩子锻炼思考能力和做事技能的机会，让孩子在遇到困难时不再缩手缩脚，而是勇于挑战并创造性地克服困难。

其次，压抑的家庭环境阻碍了孩子创造力的发展。

心理学研究表明，创造力高的孩子与创造力低的孩子所处的家庭环境是不同的。前者在家中享有更多的独立自由和更多解决问题的机会，后者则在家中受父母管制和支配较多，缺乏自由支配自己头脑和时间的权利。可见，父母的教养方法影响着孩子创造力的发展。

这些父母中，有的对孩子的事情缺乏耐心，他们认为与其事事都要鼓励孩子自己去体会，不如将正确的结果告诉孩子并要求记住来得简便；有的对孩子的指导往往是命令式的，很专制，常用"这样做""那不行"的口气教育孩子，只要求孩子服从家长，几乎没有对话和商量的余地；有的只依据自己的意见制定行为标准，并对孩子提出同样的要求，如"我小时候就是这样的""应该像你爸爸一样"等，导致孩子被迫屈从；有的则是典型的重结果而不重过程的，孩子完成一件事，他们高兴，但当孩子经过多方探索尝试而未能成功时，他们却无视孩子已经付出的努力而表现出失望。这些父母的态度和做法无一例外地会让孩子失去或放弃探索的努力，扼杀孩子的创造力，同时也不利于形成良好的亲子关系。

这些父母一定要意识到，自己在培养孩子方面表现得有些聪明过度，自己的才智、自信、责任、成功感等让人羡慕的优势已经成了压制孩子的无形力量，严重阻碍了孩子创造力的发展，如果能运用自己的这些优势正确引导孩子，用耐心代替厌烦，用沟通代替命令，用鼓励代替强制，那么孩子一定会表现出很棒的创造力。

最后，认为创造力等同于科技发明。

大多数父母观念里把创造力与科技发明等同起来，认为创造就是要发明出什么东西。所以，在他们眼里，"创造力"与"孩子"几乎是联系不到一起的两个词。也就是说，他们认为孩子根本不可能创造出什么发明之类的东西。这就是上面所说的"创造力认知非凡化"。父母们之所以有这样的观念，是因为他们对儿童的创造力没有一个科学的认识。

对于孩子来讲，创造不应该具有"职业"的味道，而应该是他们的"生活"本身。孩子以前不会的东西，现在会了，就是一种创造；别人没有想到的，孩子想到了，就是一种创造；孩子在原先或别人的基础上做得更好，就是一种创造。或者说只要不是模仿、照搬别人的做法，能运用已有的知识经验，经过独立思考，在父母、教师讲授或自己学习的基础上有新的理解，能发现不同于教科书、不同于父母或教师的解题方法和学习方法，能运用已知条件解决实际问题且具有新颖性、独特性，就都属于创造。对创造有了这样的认识，才能发现孩子的创造萌芽，才能保护孩子最原始的创造意识。这对培养孩子的创造力是至关重要的。同时，父母要意识到，培养孩子的创造力，是让孩子现在和未来的生活变得更加丰富，而不一定是让他达到科学或艺术的最高峰。当然，从小创造力强，长大后创造出科技发明也不是不可能的事，也许那正是水到渠成的效果。

总之，孩子的创造力是无限的，培养孩子的创造力也是一项需要耐心和突破常规的工作。父母需要从更新自身观念开始，耐心、细心引导孩子，给孩子指明走向创造性发展的方向，为孩子将来的幸福人生创造条件。

允许孩子"异想天开"

孩子的想象是丰富的、多彩的，只要拥有上天最初赐予他的那颗好奇心，并给他充分的想象空间，他的脑袋里就能装满奇思妙想。而且，每一个孩子都是独一无二的，他们脑袋里装的东西都是不一样的。他们有自己独特的念头、独特的思想、独特的看待问题的角度、独特的思考问题的方式，正如世界上没有完全一样的两片叶子一样。独特的孩子之所以最后变得和大多数人一样，是因为我们成人时时都在向他们传授固有的、公认的、已有的知识，迫使孩子慢慢放弃了自己的"怪念头"，从而有了和别人一样的眼光、一样的思维方式。长此以往，孩子就会按照和大家一样的标准和方式去生活。然而，失去了想象力的孩子，创造力则无从谈起。

想象力是创造力的"翅膀"，没有想象就不可能有创造。有人说，想象和思维好似一对"孪生兄弟"，缺乏想象的思维，必然导致创造力的残缺。孩子的知识、经验比成人贫乏，但想象力却极其丰富。因此，生活中，当孩子对我们说出他脑袋里那些稀奇古怪的想法时，不管它们有多么不切实际，我们都不能听而不闻、视而不见，更不能批评、蔑视和嘲笑，而应给予适当鼓励和赞扬，最大限度地保护孩子的想象力，并通过各种方法为孩子插上想象的翅膀。

（1）帮孩子展开幻想的翅膀。心理学研究表明，一般人只用了大脑想象区的15%，要开发其他处于"冬眠"状态的想象处女地，可以让孩子尽情幻想，如想象会飞的房子、会改错的铅笔、会吐铁轨的火车等。试想，如果爱迪生当时没有幻想过电灯，那么他是如何发明电灯的。所以，当孩子给一个西瓜画上一只手时，不要责备他，更要鼓励孩子把自己的想法说出来，给予孩子表扬。

（2）正确对待孩子的"为什么"。希望孩子想象力丰富，就要正确对待孩子的提问。首先尊重孩子的提问，对孩子的提问持认真倾听、回答的态度，不糊弄、不嘲笑、不指责，绝对不用"烦死了""走开"之类的词语。其次鼓励孩子多问、多质疑，不懂的、有疑问的，说出来，孩子自己解决不了的，父母可以帮助孩子。最后，鼓励孩子自己寻找问题的答案，别用父母的思考代替孩子的思考，更不应该把自己的答案强加给他们。当然，让孩子自己寻找答案，并非父母可以甩手不管，而是要花时间和精力，用可行的办法引导孩子自己找到答案，让孩子学会思考，促进想象力不断发展。

（3）留给孩子想象的空间。一方面，不要用传统的方法直接告诉孩子答案，如天是蓝的、太阳是圆的，否则会定格孩子的思维，扼杀孩子想象的天性。歌德小时候，妈妈给他讲故事时，讲一段后总会停下来，让歌德自己去想象故事的发展，正是基于这种想象力的培养，最终使歌德成为世界著名的大作家。另一方面，要给孩子玩耍和娱乐的时间和空间，如果所有的时间都被用于学习，孩子的想象空间也都充塞满了加减乘除的符号，孩子就失去了想象的时间和空间，想象力就得不到发展。

（4）丰富孩子的生活经验。有意识地带孩子到大自然中去体验，鼓励孩子参加社会活动，参加一定的家务劳动和公益活动，多与小朋友交往，使孩子头脑中充满各种事物的形象。这样，孩子有可能在已有经验的基础上，大胆想象，创造出与众不同的东西。

（5）鼓励孩子实践。想象是人脑对已有表象进行加工改造而形成新形象的过程，这一过程的实现少不了实践这一环节。父母要提供给孩子亲历亲为的机会，让他勤看、勤听、勤动手，鼓励他多参加户外活动、多接触大自然、拆装一些物品、搞点小实验等，都可以增加表象的积累，有利于增添想象的乐趣。

（6）和孩子一起讨论。孩子提出的问题，不要只是告诉他为什么，而要善于通过讨论启发孩子打开思路。讨论中，允许孩子发表自己的想法，父母也要说出自己的看法，让孩子知道自己想的和别人想的有什么不同，好在哪里，不足在哪里，促进孩子的思维更加活跃。父母启发孩子时要善于问一些开放性的问题，也就是说答案不唯一的问题，如砖头有多少种用途、窗户上的玻璃有哪些作用、多少减多少等于9等，让孩子充分发挥想象去寻找不同的答案，防止形成定式思维。

（7）在游戏中丰富想象力。游戏是孩子最喜欢的活动，孩子每日的游戏几乎都是在想象中进行的，可以说孩子的整个游戏王国是靠想象支撑的。父母可以有意识地让孩子玩拟人化的游戏、戏剧性的游戏，或让他堆积木搭楼房、玩泥沙、堆雪人、用黏土雕塑等。孩子玩游戏的过程中，身心是愉悦的，无强制的外在目的，思绪可以在假想的情境中到处飞翔，给孩子带来快乐和美好的体验。鼓励孩子玩游戏，一方面满足了孩子的身心需求，同时可以发展孩子的想象力、创造力及实际操作能力。

（8）保护孩子的创意火花。美国中学生的一次头脑奥林匹克比赛中，有一道题要求参赛学生设计一种水上运载工具，要打破常规造型，体现创新精神。许多学生绞尽脑汁，总摆脱不了大家熟知的船的形状，唯独一位学生设计出了一只硕大的"水蜘蛛"造型，在水面"爬行"。这件作品在所有参赛作品中独树一帜，虽然最后在实际操作中失败了，但几乎所有的评委都给他亮了最高分。也就是说，我们不能以孩子的设计变不成现实中的实际物品而否定他的创意，反而要对他的想法给予赞扬，这样才不会打击孩子想象与创造的积极性。

创造性思维很重要

我国著名数学家华罗庚说："人之可贵在于能进行创造性思维。"所谓创造性思维，是指人们在创造性活动中所特有的思维方式。它是一种具有开创意义的思维活动，是创造力的核心。创造性思维贵在创新，这种创新或者体现在思路的选择上，或者体现在思考的技巧上，或者体现在思维的结论上，具有前无古人的独到之处，或者在前人、常人的基础上有新的见解、新的发现、新的突破，从而具有一定范围内的首创性、开拓性。

创造性思维思路开阔，善于从多角度、多侧面、多层次、多结构去思考问题，寻找答案；思路若遇难题受阻，不拘泥于一种模式，能灵活调整思路，从一个思路到另一个思路，从一个意境到另一个意境，善于巧妙地转变思维方向，随机应变，产生适合时宜的办法。创造性思维的力量是强大的，它能让我们把梳子卖给和尚。

　　一家公司为进一步扩大经营规模，决定高薪招聘营销主管。题目是一道实践题：想办法把木梳尽量多地卖给和尚。绝大多数应聘者困惑不解，甚至愤怒：出家人剃度为僧，要木梳有何用，岂不是神经错乱，拿人开涮！应聘者接连拂袖而去，最后只剩下三位应聘者。招聘经理对他们交代："以十日为限，届时请各位将销售成果向我汇报。"十日期限一眨眼就到了。

　　招聘经理问第一个人："你卖出多少？"答："一把。""怎么卖的？"他讲述了历尽的辛苦，以及受到众和尚的指责和追打的委屈。幸运的是在下山途中，他遇到一个小和尚一边晒太阳，一边使劲挠着又脏又厚的头皮。他灵机一动，赶忙递上了木梳，小和尚用后满心欢喜，于是买下一把。

　　招聘经理问第二个人："你卖出多少？"答："10把。""怎么卖的？"他说自己去了一座名山古寺，由于山高风大，进香者的头发都被吹乱了。他找到了寺院的住持说："蓬头垢面是对佛的不敬，应在每座庙的香案前放把木梳，供善男信女梳理鬓发。"住持采纳了他的建议。那座山共有10座庙，于是他卖了10把木梳。

　　招聘经理问第三个人："你卖出多少？"答："1000把。"经理惊诧，问："怎么卖的？"他说自己到一个颇具盛名、香火极旺的深山宝刹，朝圣者如云，施主络绎不绝。他对住持说："凡来进香朝拜者，多有一颗虔诚之心，宝刹应有所回赠，以做纪念，保佑其平安吉祥，鼓励其多做善事。我有一批木梳，你的书法超群，可在上面刻上'积善梳'三个字，作为赠品赠给进香朝拜的人。"住持大喜，立即买下1000把木梳，并请他小住几天，共同出席了首次赠送"积善梳"的仪式。得到"积善梳"的施主与香客，十分高兴，这事一传十、十传百，朝拜者更多了，香火也更旺了。这还不算完，住持希望他能送来一些不同档次的木梳，以便分层次地赠给各种类型的施主与香客。

把梳子卖给和尚，听起来荒诞不经。那是因为在传统的思维中，梳子只是用来梳头发的，和尚没有头发，自然就不会买梳子了。但梳子除了梳头的实用功能，还有其他的附加功能，多数人的思维达不到这一层次。这就是创造性思维。看来，只有会创造性思维的人，才能打破常规，创造奇迹。我们的孩子能吗？能。方法就是引导、启发、训练、运用。

◆积累知识，更要融通知识

创造性思维所迸发出的火花是建立在广博的知识基础之上的。大脑里空空如也，思维犹如树木失去了土壤，无论如何也不会思考出任何创意。培养孩子的创造性思维，要注意帮助孩子打好知识积累这个基础。有位小朋友在一次比赛中创造性地画了一幅在月牙上荡秋千的画，就是他有知识积累这个前提。这个孩子在作画前曾受到过科学技术展望的教育，有了宇宙、星际间交往等海阔天空的初步概念，所以画出了别人想不到的"空中运动会"，其中就有在月牙上荡秋千这幅画。

虽然说掌握的知识越多，就越容易产生新的联想、新的见解、新的创造，但对某一事物的传统意义知之太多，又会阻碍思维的灵活性，使我们不由自主地被前人牵着鼻子走，从而形成智力屏障，导致创造性思维受阻。古今中外有不少人勤奋刻苦，但终其一生，有积累而无创造，为知识所累，为知识所困。所以，父母要教孩子学会把心智的"杯子"空出来，为思路的开拓变化留有充分的余地，使知识能灵活地聚合、置换、跳跃、碰撞，迸发出创造的火花。

◆鼓励孩子突破常规

生活中，我们给孩子规定了太多的条条框框，把孩子的思维固定在了一个模式上，使孩子想问题总按一个固定的思路，办事情总是在一个框框里进行，大大阻碍了孩子创造性思维的发展。

法国科学家法伯曾做过一个著名的"毛毛虫之死"的实验。有一种毛毛虫有"跟随者"的习性，它们总是盲目地跟随前面的毛毛虫爬。法伯把若干个毛毛虫放在花盆周围的边缘上，首尾相接围成一圈，并在花盆周围不到20厘米的地方撒了一些毛毛虫爱吃的新鲜松针。毛毛虫开始一个跟一个，绕着花盆边缘一圈又一圈地爬。一小时过去了，一天过去了，毛毛虫还是不停地爬。一连爬了七天七夜，它们终于因为饥饿和精疲力竭而死去，尽管距它们不到20厘米的地方就有它们爱吃的新鲜松针。

法伯在实验笔记中写下这样耐人寻味的话："在这么多毛毛虫中，其实只要有一只稍与众不同，便能立刻避免死亡的命运。"因此，我们非但不能给孩子设置太多的条条框框，还要鼓励他们敢于突破常规，允许孩子充满好奇地去寻找自己感兴趣的新事物，这样才能勤于思考、敢于质疑、勇于创新。

◆ **训练思维的灵敏性**

思维只有灵活、敏捷，才会有那些突然闯入脑际的新思想、新概念、新形象。而有意识的训练和锻炼能增加思维的灵敏性。

（1）训练发散性思维。这种思维方式不拘泥于思维标准化的惯性，而是从多个角度全面考虑问题，对培养创造性思维非常有帮助。训练的方法有多种。比如，一形多物，让孩子说出圆形的东西有哪些；一物多用，让孩子说说纸有哪些用途；一因多果，让孩子说说如果地球上没有树，结果会怎么样；一题多解，让孩子说说如果觉得很冷，有哪些方法可以使自己暖和起来。这种思维游戏，会让孩子从小形成创新冲动和多元思维的习惯。

（2）训练反向性思维。反向性思维就是逆向思维，也是创造性思维的一种。这里通过一个例子来说明。

一位教育专家，曾参加了一次开发创造力的活动。主讲老师发给每人一张纸，上面印有一些排列规则的图案：共有3排，每排都有排列整齐、大小相等的5个圆形，总共15个圆。老师首先要求大家在第一排的圆形上任意添加线条或图形，使它们变成5种不同的物件。完成前3件是轻而易举的，但是越往后画就越困难。接下来，老师又让大家使用删减的方式改第二排的5个圆形。当这10个圆终于完全变成另外一番模样时，老师让每个人从做完的这两排中各选择一个最特别的留下来，然后将剩下的全部画去。大家发现，每个人选择留下来的都是每一排靠后位置的图形。最后，大家使用加法和减法相结合的方式改造了第三排圆形，每个人都不再觉得改变这5个圆形是困难的事情，甚至觉得打开了思维的大门，想法源源不断地涌现。

很显然，一开始大家的思维被困住了，只知道往圆形上增加东西，而忽视了其他的可能性，之后在图形上做减法，使用了逆向思维的方式，打开了创造性思维的大门。遇到运用常规思维解决不了的问题时，父母可以引导孩子"反其道而行之"，也许会出现另一番景象。

（3）快速问答训练思维的流畅性。20世纪60年代，美国心理学家曾采用所谓急骤的联想或暴风雨式的联想这类方法来训练大学生思维的流畅性。训练时，要求学生像夏天的暴风雨一样，迅速地抛出一些观念，不容置疑，也不要考虑质量的好坏或数量的多少，评价在结束后进行。速度越快表示越流畅，讲得越多表示流畅性越高。这种自由联想与迅速反应的训练，对于思维，无论是质量，还是流畅性，都有很大的帮助，可促进创造性思维的发展。

父母也可通过快速提出问题，让孩子快速应答的方式训练孩子思维的流畅性。例如，可以问孩子"汽车有哪几种""电视节目说明了什么""怎样发现太阳升起来了"等，让孩子充分想象和发挥。这里需要提醒的是，训练儿童思维能力时，要坚持多鼓励、快反馈的原则，要与孩子商量训练方式和内容，求得孩子的"认同"。

教给孩子创造的方法

孩子有没有创造力？可以肯定地回答：有。孩子的思维不受习惯的约束，他的精神世界是一个幻想的广阔世界。每个孩子都会在不同程度上表现出创造力的萌芽，只不过有的孩子强些，有的孩子弱些。孩子的创造力是可以培养和强化的，只要父母教给孩子科学的创造方法，孩子的创造力一定能够得到提升。

◆**自己去发现**

爱因斯坦在回答他为什么可以做出创造时说："我没有什么才能，只不过喜欢寻根刨底地追究问题罢了。"也就是说，提出问题，再创造性地解决问题，这就是创造。这里的关键是如何创造性地解决问题，回答了这一问题，就是解决了方法的问题。

由于知识的继承性，人们的头脑里都会形成一个比较固定的概念世界，而当某一经验与这个概念世界发生冲突时，"惊奇"开始发生，问题开始出现。这时，如果这个"惊奇"以及由惊奇产生的问题反作用于思维世界，那么便会形成摆脱"惊奇"、消除疑问的愿望，这就是创造的渴望。满足这一渴望最有效的方法就是自己亲身去发现。

一位妈妈带着孩子在公园散步，孩子突然拣起一片树叶对妈妈说："这是什么树叶，怎么这么奇怪，我好像没见过。"妈妈拿过树叶看了看说："这片叶子确实挺奇怪的，它和你平时看到的树叶长得不一样。

这样吧，你把它拿在手上，先仔细看看，再去找找，看哪种树上的叶子和这种叶子一样。找到了就在树下叫我。"于是，孩子带着好奇的心理和探索的欲望走了。

他找了许多树，看了许多树叶，自己肯定了又否定，否定了又肯定，终于找到了那棵树。妈妈肯定了孩子的答案，并告诉他，这棵树的名字叫"雪松"，并给孩子讲了一些雪松的知识，又问孩子雪松的叶子长得像什么样，孩子根据自己日常学到的知识，进行了适当的比喻。

这个例子中，妈妈前前后后都是在鼓励孩子自己去发现，孩子在探索的过程中摆脱了"惊奇"，满足了渴望，思维世界又向前迈进了一步，于是创造的花朵便开放了。

◆动手做

创新不能仅停留在思维阶段，还要通过一次次的实际操作活动使创新思维的结果实现物化。正如陶行知所言，"创造教育，非但要教，并且要学要做""手和脑要一块儿干"，所谓"手脑并用，心灵手巧"。

美国有一位11岁、和一位14岁的科学家，他俩已经拥有10项美国发明专利。他们的成绩归功于妈妈的一条规定：每天下午必须做两小时的创造性工作。妈妈告诉他们，动手做是创造发明最有效的方法之一，而且光看不做或光说不做，永远将是纸上谈兵。兄弟俩按照妈妈的要求，每天坚持动手去做事情。久而久之，他们养成了习惯，一做完功课，就动手干他们的发明创造，甚至吃晚饭时，边吃边讨论下午的事情。他们的创造意识很强，看见母亲开车时把热水洒到车里，就发明了防溅饮水架；看见突然刹车时炸鸡蛋会飞出盘外，便发明了汽车上用的食品盘。

孩子与生俱来的好奇心促使他们一刻也停不下来，总是摸摸这儿、动动那儿，这正是培养他们多动手做事的好机会。父母要鼓励孩子玩积木、捏泥人、做纸工、拆装简单机械等孩子感兴趣的活动，还可以和孩子一起动手做实验、制作礼品等，同时要支持孩子参加学校的课外兴趣小组活动，培养孩子的动手能力。当孩子在家中做一些小实验或搞小制作、小发明时，父母要尽可能提供必要的条件和帮助。在手指尖的触摸过程中，孩子的创造力会得到最好的发展。

另外，父母一定要让孩子知道，眼高手低永远不会有所作为，不论干什么事情，都是需要动手去做的，因为实践是检验思维的试金石，让孩子把动手做当成完成任何工作的好方法。

◆记录灵感

随着知识积累、见识广博和创造性思维的不断发展，大脑有时会酝酿成熟一些想法和思路，但有时可能只是"一闪之念"，如果不能及时捕捉这个转瞬即逝的念头，那么它将永远消失。所以，一旦有灵感闪过，就要抓住不放，并迅速将它记录下来，等待深入挖掘、激发创造。化学家诺贝尔就是受到笔记本中"硝化甘油掉在沙地上随即凝结起来"这句话的启发，成功地解决了硝化甘油的运输问题。所以，父母要把这一方法教给孩子，让孩子准备一个记录本，当新的思想、新的灵感在头脑中闪现的时候，及时把它记下来，长期坚持，养成习惯，敏捷的思维品质和出众的创造才能就可以逐渐训练出来。

创造的方法多种多样，随着孩子认知能力和理解能力的发展，父母可以适当给孩子讲一些稍稍复杂的科学的创造方法，让孩子知道深化知识可以创造，综合知识也可以创造，并懂得各行各业有不同的创造方法。例如，科学上有一种极端化求知法，就是设法走到某一事物的极端，观察它有无特殊现象，然后进行研究。这是因为人们在常态下看到的都是尽人皆知的事物特点，而到了非常态，有些事物才能表现出它们特有的规律。再等孩子稍大一些，还要注意让他掌握辩证唯物主义世界观，因为这种世界观认为人类对真理的认识是没有穷尽的，它有利于孩子创造能力的发挥。

第 7 章　自制能力训练

制定合理的"家庭制度"

家庭制度是规范家庭成员行为的一些规定。家庭制度有一定的约束作用，可以有效地规范孩子的行为，对培养孩子的自制力帮助很大。

"玩完玩具之后必须放回原处。""如果你再不睡觉，我就不管你了。"当这些不疼不痒的话对孩子已经不再有任何刺激时，制定一些合理的家庭制度是必要的。有了制度，孩子做事就有规可循，才能逐步建立起抑制不良行为的能力。起初，孩子可能只是粗略地懂得"要这样做""不要那样做"，并不完全理解某种做法的道理。不过，不理解也没关系，这个规定能让孩子习惯成自然。比如，不许孩子玩插座，每当孩子想去摸它时，就受到不能玩这个的约束，时间长了，孩子看到插座就不动手了，虽然他不理解为什么不让他玩。

当然，随着孩子年龄的增长，家庭制度也应赋予更多的道德意义和责任意识，让孩子明白为什么要这么做。比如，如果早上不按时起床，就会晚到幼儿园，这样就会影响其他小朋友开展活动，也会让妈妈上班迟到。又如，要求孩子在集体中遵守规则和纪律，使自己的行为和愿望服从集体活动的目的和要求，不能随心所欲地侵犯别人的利益等。这样，孩子就能慢慢理解家规的意义，同时在家庭制度、道德、责任等力量的多重影响下，孩子就能学会有意识地控制自己的言行举止。

佳佳今年3岁，她养成了一个不良的习惯，那就是边吃饭边看电视。妈妈告诉她，这样既不利于消化，又对眼睛不好，可根本起不到任何作用。无奈之下，妈妈给佳佳制定了一条新制度。制度很明确，佳佳每天可以看一小时的电视，而且每次不得超过半小时，允许佳佳在一天的时间中进行选择，但吃饭时间除外。如果吃饭时间看一次电视，一天中就不允许再看了。刚开始，佳佳有些适应不了，每到吃饭的时间，她总是想打开电视。可每当这时，妈妈都会提醒她，她也会极不情愿地控制住自己。一个星期后，情况有了非常好的转变，佳佳不再要求吃饭的时间打开电视机了，而且能很愉悦地吃完一顿饭。

妈妈为佳佳制定的这一制度既具有一定的约束作用，又符合实际情况，在妈妈的耐心引导下，佳佳通过自己的努力做到了。

合理的家庭制度对孩子的规制作用是显而易见的，那么父母在制定家庭制度时具体应该怎么做呢？

◆不要太早定"制度"

2岁以前的孩子认知能力有限，有些不合理的举动其实也是孩子表达实际需要的方式，父母不必急着定制度，可以用分散注意力的方法让孩子忘记一些不合理的需求。一般在2岁以后，可以考虑给孩子定一些制度，必须让孩子明白，自由并不是无限的，他必须接受并遵守一些规则。

◆和孩子一起定"制度"

定制度之前，父母应该好好商量一下，同时要充分考虑孩子的意见，这样才能制定出合理且能执行的制度。有了孩子的参与，所定的制度执行起来才不会太难，当孩子的行为不合规矩的时候，家长就可以跟他讲道理，告诉他"越界"了。

大家可以一起考虑把孩子的生活制度化，规定按时起床、吃饭、睡觉、运动，玩完玩具放回原处，饭前便后洗手，早晚刷牙，使孩子的生活有制度、有规律。孩子稍大一些时，要求他收拾自己的书包、文具等学习用品，并给予孩子固定的家务劳动。比如，饭后收拾桌子、洗碗、扫地，这些是孩子能干的家务活，父母就不要代替。孩子想玩一会儿，就必须坚持将事做好，并对他讲明道理。这样循序渐进，孩子就会形成习惯，自觉地对自己的行为进行约束。

需要注意的是，制度不能太多，否则只会带给孩子压力，甚至遭到孩子的反抗，而是应该根据孩子所处年龄段的特点，在主要问题上入手，从执行几条简单但关键的规则开始，孩子比较容易理解并遵守，效果也更好。

◆定了"制度"要遵守

制度一旦定下来，就不宜随意变动，必须让孩子做到，绝不能三天打鱼、两天晒网。因为孩子良好习惯的养成很大程度上取决于父母的态度。如果规定孩子每天睡觉前一定要把他的玩具整理好，那么在实际生活中就必须这样要求他，等孩子养成这个习惯后，他就不会再故意耍赖或找借口不遵守了。

对于制度，家长不能只要求孩子遵守而自己例外。比如，制度规定孩子不能一边吃饭一边看电视，妈妈却经常在吃饭时看自己喜欢的电视节目，这样即使孩子不想看，电视节目却正在上演，孩子也不得不看。如果强制孩子不看，那么孩子心里也是不情愿的，这种不自觉的行为难以将内心的力量内化成自制能力。所以，父母一定要给孩子做好遵守制度的榜样，给孩子一种积极向上的影响力。

当然，让孩子遵守制度进而形成习惯并不是短时间内就能完成的，这需要父母经常积极提醒孩子，使孩子持之以恒，养成自觉遵守的好习惯。

◆物质奖励和处罚不宜太多

许多父母会在制定制度时给孩子许下一些奖励或者处罚措施。比如，"如果你将东西整理好，我就给你吃个冰淇淋"，或者"你如果再不整理好东西，我就把你的玩具扔到垃圾筒"。虽然从日常生活的经验中，我们发现有时一个奖励或一个惩罚比一千句话都管用，但心理学家认为，这种方法一般只能在特殊情况下采用，否则孩子遵守制度的动力可能只是随之而来的奖励或惩罚，而非制度本身的意义。所以，在决定给孩子奖励或惩罚时，尽量与他要遵守的制度结合起来，让孩子把"规则"记在心上。

在等待中学会自制

为了测试延迟满足对孩子心理上的影响，有专家做了一个这样的实验：

将一群孩子分别带到不同的房间，每个房间的桌子上都放着两块糖，实验者告诉孩子："如果你能坚持等到我买完东西回来，这两颗糖就都给你。但如果你坚持不了，你就只能吃一颗糖，现在就能吃。"实验者在监控画面中观察这些孩子的行为。有些孩子在实验者刚离开房间就吃了一颗糖，有些孩子则是耐心地等待着。为了能熬过这20分钟，孩子们还采取了不同的措施：有的唱歌，有的跳舞，有的干脆睡觉。坚持到最后的孩子们，得到了两颗糖果。

接下来，实验者对这些孩子进行了长达十几年的跟踪调查。他们发现，当年那些吃到两颗糖果的孩子，自制力和自信心普遍都比较强，也有比较强的独立自主性，能够为了追求目标而抵制眼前的诱惑，能比较好地克制自己的欲望，生活中更乐观、积极，愿意接受挑战；而迫不及待地就吃掉一颗糖的孩子则表现出自以为是、任性等特征，而且往往顶不住挫折，心态脆弱，遇事脾气暴躁，自我控制能力差。

现在的家庭多是独生子女，孩子个个都是众星捧月的宝贝。孩子提出的要求，家长只要办得到，都会尽自己最快的速度满足孩子，唯恐让孩子等得太久。殊不知，"孩子要什么，家长马上给什么"，对孩子的种种欲望给予即时满足，久而久之，孩子就会变得没有耐心，不会约束自己的行为。

上述实验告诉我们，通过一些延迟满足的小锻炼，可以帮助孩子学会等待，很好地培养孩子的耐心、毅力与自制力。父母不妨一试。

◆让孩子慢慢体会"等一等"的意思

对于年幼的孩子，漫长的等待只会加剧他狂躁不安的情绪。所以，延迟满足要根据孩子不同的年龄使用不同的办法，时间上也应该有所区分。比如，孩子要去抓那个玩具，妈妈可以给孩子说"等一等"，不要第一时间就给孩子，过几秒再给。虽然孩子根本听不懂妈妈说的"等一等"，但他能感觉到妈妈的话与没有立即给他玩具是有一定联系的。

等到孩子能大概明白一句话的意思时，妈妈就可以稍加延长延迟满足的时间了。比如，孩子要喝奶，可以让他等上几分钟，告诉他奶现在太烫了，凉一凉再喝。

当孩子明白"等一等"的含义后，延迟满足的时间就可以从几分钟延长到一两天了。如果孩子在街上看到喜欢的玩具，妈妈可以告诉他今天没有带钱，过两天再来买；孩子要吃蛋糕的时候，可以告诉他明天买回家和奶奶一起吃。

这样循序渐进，慢慢增加等待的时间，会让孩子逐渐习惯有限期的等待。期待着和向往着一件事情，延迟的满足往往会令他更加欣喜。

◆转移孩子的注意力

当孩子提出某种需求，要求父母立刻满足时，妈妈可以尝试着转移孩子的注意力，以缓解他内心的冲突，增加等待时间。比如，孩子要立即得到和邻居小朋友一样的一件玩具，这时妈妈可以给他两个选择：看动画片还是到游乐场玩。两件事情都有一定的诱惑力，孩子的注意力会被吸引，他在考虑并进行选择的过程也需要一定的时间，这样就可以增加等待的时间。等孩子再想起玩具的事，也就明白了自己要爸爸妈妈满足愿望时，不一定立刻就会得到。

◆给孩子讲道理

孩子能听懂话后，父母可以对孩子"晓之以理"，用道理启发孩子控制自己的言行，这种和风细雨式的方式比粗暴地训斥孩子效果好得多。比如，带孩子去超市购物，当孩子看到里面那么多好吃的时，禁不住拿起来想吃。妈妈可以试着这样对孩子说："宝宝，超市里面的东西是不允许随便吃的，只有妈妈付过钱后，你才能打开包装吃，而且我们要到外面去吃。你看看，这里面也没有人吃啊。还有，那些穿制服的叔叔，就是管着不让人随便吃的。"给孩子讲清道理，孩子也许似懂非懂，但他会去观察，看看是不是真的没有人在这里吃，还会瞅瞅那些保安，而且会想为什么那么多人排队付款。把自己看到的、想到的和妈妈所说的联系到一起，孩子就会明白其中的道理，懂得只有出了超市才能吃，逐渐学会等待。

◆给孩子提出附加条件

有经验的父母都知道，当孩子提出要求后，父母不失时机地附加一个条件，如让他帮妈妈扫扫地、擦擦桌子等，等孩子完成任务之后再满足他的要求，这样做的好处不只是能帮助孩子在等待中学习自制，也让孩子更加珍惜自己所得到的物品，同时明白任何收获都需要付出的道理。

生活中，尤其是爷爷奶奶，特别疼爱孩子，他们对孩子的有求必应和即时满足，会成为给孩子的"爱心毒药"。为了让孩子懂得吃苦，经受得起挫折，能够抵制种种诱惑，控制自己的即时冲动，家里的所有成人不妨都放下溺爱，尝试对孩子说"等一等"，让孩子在等待中学会自我控制，可能会为他收获更好的未来。

坚持是自制的关键

一个人良好的自制力首先体现在坚持性上。坚持是迈向成功的第一步，是走向胜利的必经之路。做事缺乏坚持性，一会儿干这个，一会儿又干那个，或者遇到一点困难就放弃，这样的话自制力永远都培养不起来。

小立5岁时，看见别的小朋友弹琴，他也想弹。于是，妈妈把他送到琴行，让老师教他弹钢琴。刚开始学时，他的热情很高，但一周后，他就不愿意再弹了。渐渐地，他觉得弹琴成了一种负担。小立又是哭，又是闹，妈妈看着儿子心疼，几次都想放弃了。但她又一想，小孩子自制力差，兴趣转移快，往往不能确定自己的兴趣在哪里。她想，一定要先让儿子坚持一段时间，哪怕只坚持一个月，如果儿子还是不愿意，那再放弃也不迟。

妈妈开始动脑筋想办法如何能让儿子坚持一段时间。于是，她约了琴行的老师见面，把儿子的表现讲给老师听，想听听老师的意见。老师对小立的妈妈说，这是正常现象，是学琴五个阶段中的必经之路，只要坚定信心，咬牙挺住，这个坎一定能过。最后，妈妈还没忘叮嘱老师，请她多鼓励和表扬小立。

回到家，妈妈对儿子说，让他先坚持一个月，如果一个月后还是不想弹，那就不弹了。小立答应了。在这一个月的坚持中，妈妈和以前一样每天给儿子放那些优美的钢琴曲，包括儿子最喜欢听的《梦中的婚礼》，还带儿子去那位小朋友家听他弹琴，老师在琴行也总是表扬小立。还没到一个月，妈妈发现儿子竟然慢慢上了路子，而且越来越认真，特别是对《梦中的婚礼》，每当在别处听到这首曲子时，他总是有一种自己也想弹的感觉。小立把自己想弹《梦中的婚礼》的想法跟老师说了，老师笑着说："这首曲子难度很大，至少要再学两年才能驾驭它，但你一定能做到。"小立却没把老师的话放在心上，在家里默默地自学起来。让老师惊讶的是，他只用了两个星期的时间，就能将《梦中的婚礼》弹得有模有样了。小立还说，他下一步还要弹世界名曲《秋日丝语》。

小立能有今日对钢琴的兴趣，并能主动去弹，这要归功于他想放弃时妈妈的鼓励和他的咬牙坚持。如果当时轻易地放弃了，《秋日丝语》怎么能成为他下一步的目标。从这个例子中我们可以悟出，孩子的坚持往往在于成人的坚持，不仅如此，父母还要有足够的智慧来激励孩子坚持，这样孩子才能不放弃。

良好的坚持性能够促进孩子健康人格的发展，使孩子成长为一个自制力强、有毅力、自信开朗、独立性强、社会适应性强的人。有句话说得好，"胜利就在坚持一下的努力之中。"但是"坚持"二字，说起来容易，做起来却相当有难度。但只要父母有耐心，并掌握一定的方法，再难也能见成效。

◆从兴趣入手训练坚持性

兴趣是最好的老师，有了兴趣，就有了坚持的动力。孩子坚持性的强弱取决于对活动兴趣的强弱，他们往往能在自己感兴趣的活动中坚持较长时间。比如，孩子喜欢动手拆装各类玩具，又拆又装的过程中表现出高度的注意力，也能坚持较长的时间，家长就可以为孩子提供一些拆装方便的物品，让孩子尽情地玩；或者可以让孩子拼版、按要求涂色（涂完后能呈现美丽的画或小动物）等；或者和孩子一起在花盆里种一粒会有生命萌芽的种子，促使他在兴趣中坚持长期观察与爱护种子。这样的活动，孩子感兴趣，可以让孩子在不知不觉中延长坚持的时间，养成坚持的习惯。

这里需要提醒父母的是，孩子专注的过程中，不要轻易干扰孩子，否则孩子的兴致会被打断，也许停下来就不想再做了。

◆用游戏训练坚持性

游戏是孩子主要的学习活动，父母可根据孩子的年龄特点和喜好，选择适合的游戏，并将需要坚持的因素融入游戏之中，也能很好地培养孩子的坚持性和自制力。比如，经常和孩子玩"老猫小猫抓老鼠""过家家"等游戏，孩子容易在游戏情境中把自己当成现实中的角色，也愿意坚持较长的时间。

趣味游戏也是孩子特别喜欢的活动，而趣味游戏本身具有一定的规则性，经常开展趣味游戏，可以使孩子不断得到遵守规则的机会，慢慢养成自觉遵守规则的习惯，自制力也就会得到明显的发展。例如，"我是雕像"就是一个特别适合家长和孩子一起玩的趣味游戏。爸爸发指令，妈妈和孩子一起做游戏。游戏开始前，孩子和妈妈可以自由活动，当发出"我是雕像"的口令后，必须像雕像那样定住一动不动，雕像的姿势可以各种各样，可以是各种人物的定格动作，也可以是鸡、鸭、兔、羊、马、鱼、小鸟等各种动物的定格动作。如果谁先动了，谁就被换下。玩这种游戏，孩子能在快乐中得到训练，既愉悦了身心，还锻炼了坚持性。

◆从小目标开始，层层递进，训练坚持性

父母可以为孩子设置一些合理的目标，然后将目标层层分解，从小目标入手，指导孩子逐步完成。小目标就是孩子稍加努力即可完成的目标。比如，这次画画坚持了3分钟，那么鼓励孩子再坚持1分钟，这是能够实现的。慢慢地，每次坚持的时间稍延长一点，孩子逐渐会养成坚持的习惯。

需要注意的是，小目标的设置不要让孩子觉得太远、太难，让他在实现每次的小目标后，体会到"我坚持到了，我成功了"的兴奋之情，树立"我能坚持住"的自信心，形成"我要坚持"的信念。

◆**利用名人效应训练坚持性**

父母可以利用孩子所熟悉的日常用品，给孩子讲述它们是怎么来的，让孩子了解坚持的重要性。比如，人尽皆知，电话是贝尔发明的，可事实上电话的大部分研究工作是由爱迪生等许多科学家完成的，但他们在经历了无数次失败后放弃了电话，唯独贝尔坚持了下来，他仅仅将一颗螺丝多转动了4.1周而已。还可以让孩子了解他自己心中所崇拜的对象，如足球明星贝克汉姆、篮球巨人姚明等，他们都是通过多年的坚持才取得辉煌成就的。

另外，和孩子一起看动画片或故事书等，让孩子多了解一些意志坚强的人物，作为虚拟榜样。用名人坚持后成功的事例激励孩子，能给孩子带来很大的自信。

总之，培养孩子的坚持性是一项长期而艰巨的任务，尤其是当孩子处于幼儿时期时，父母要在孩子处于好动、好奇、可塑性高的时期，在有准备的教育环境里对孩子进行坚持性的培养与训练，为他们未来的发展奠定一个良好的基础。

帮助孩子学会管理情绪

人的情绪是多种多样的，有积极的情绪，如高兴、同情、希望等，也有负面情绪，如愤怒、嫉妒、恐惧等。积极情绪带给人的是一种向上的态度，这是我们所愿意看到的，也是我们所鼓励的。负面情绪就不一样了，它们一旦出来捣乱，而我们又不加以控制，那么对人对己都是"有百害而无一利的"。

很多人做错事，都是因为自己一时情绪失控，无所顾忌，醒悟过来则后悔不已，才觉得自己当时的行为是多么愚蠢。孩子也一样，因为一时急躁冲动，出口骂了别人，出手打了别人，把人家的东西扔得老远，对自己的身心健康不利，同时也伤害了别人。

从前有位富有的寡妇，在社交圈内以乐善好施闻名，她有一个忠实又勤劳的女仆。一天，女仆心血来潮，想探究主人的慈悲善举是否发自内心的真诚，或只是上流社会富有外表下的伪装。连续两天，女仆近中午才起床，女主人盛怒，对女仆施虐鞭笞，以致伤痕累累。这事传遍邻里街坊，富有的寡妇不但声誉大跌，而且失去了一名忠仆。

这是女主人愤怒导致的结果，对人对己都是不利的。

两位妈妈分别带着自己的孩子在公园相遇了，两人交谈甚欢。边上，两个孩子也玩得乐此不疲。过了一会儿，突然其中一个孩子哭了起来，原来他的玩具被另外一个孩子扔到了远远的草丛里。妈妈问扔玩具的孩子为什么，孩子说自己没有那样的玩具，也不允许别人有那样的玩具。

这是一种嫉妒的心理在作怪，也许孩子并不知道这叫嫉妒。扔人家玩具的孩子，一看到自己没有的玩具，心里便感到不安，一时冲动之下，扔了人家的玩具。其实，此刻他自己心里很不痛快，又惹得对方也不高兴，这不是伤己又伤人的行为嘛！

青蛙与老鼠是邻居。一天，两个人为了一点小事吵了起来，你不让我，我也不让你。从此，双方心中都怀恨对方，都看着对方很不顺眼。一天，青蛙灵机一动，何不找个理由教训一下老鼠。于是青蛙找到老鼠，劝它到水里去玩。老鼠不敢，青蛙便说有办法保证它的安全，可以用一根绳子把自己和它连在一起。老鼠终于同意试一试。下了水之后，青蛙便大显神威，它时而游得飞快，时而潜入水中，把老鼠折腾得死去活来。老鼠最后被灌了一肚子水，有气无力地漂浮在水面上。空中飞过的鹞子正在寻找食物，很快便发现了漂浮的老鼠，于是就一把抓了起来，相连的绳子自然把青蛙也带了起来。吃掉了老鼠之后，意犹未尽的鹞子把嘴又伸向了青蛙。在被鹞子吃掉之前，青蛙很后悔地说："没想到把自己也给害了！"

导致这个悲剧的原因，就是青蛙不能很好地调节自己的情绪，让仇恨迷惑了双眼，为了一点小事害了老鼠，也搭上了自己的性命。这虽然只是一则寓言故事，但它传递给我们的启示却是深刻的——害人者终害己。

可见，不加控制的不良情绪导致的后果是可怕的。如果孩子经常表现得很急躁，容易发脾气、愤怒，他自己又不会处理，也得不到家长的及时引导，这样长期下去对孩子的身心健康十分不利，而且很可能养成暴躁、焦虑的性格。所以，父母一定要教孩子学会舒缓急躁情绪，引导孩子释放内心的不安与紧张，帮助孩子掌握冷静处理事情的方法与技巧，这样孩子才能在急躁的时候及时控制自己的情绪。这也是训练孩子自制力的一个重要任务。

◆ 引导孩子学会倾诉

生活中，孩子可能因为得不到自己想要的玩具而发脾气，可能因为别的孩子推倒他而愤怒，可能因为别人的玩具比自己的好而故意损坏人家的东西，可能因为受到批评而闷闷不乐……这时，父母首先不要急躁，不要跟着孩子一起发火，试着接近他，了解他内心的想法，引导他把心中的不快、不满与委屈说出来，告诉孩子说出来后心情会轻松很多。

倾诉其实是一种宣泄情绪的方法。父母引导孩子这样做，孩子在以后的生活中再有类似的情况时，他就知道此时找个倾诉对象，把内心的不痛快倾吐出去，自己就会如释重负。

◆教孩子学会通过转移注意力舒缓急躁情绪

孩子表现出不良情绪后，父母首先要了解原因，如果孩子的想法合理、正确，那么就满足他的需求，然后告诉他不用发脾气，爸爸妈妈一样会答应你、满足你。如果孩子的要求有些不合理，就转移他的注意力，用更好、更吸引他的方法来缓解一下气氛，并且告诉孩子可以自己出去找小伙伴玩一会儿，或者和自己的遥控汽车玩玩，或者给自己喜爱的芭比娃娃穿衣服，或者听听自己喜欢的故事。这样，孩子就会渐渐知道心里急躁时可以先去干点别的事情，心情就会变好。

◆教孩子学会积极的心理暗示

和朋友一起玩耍时，孩子们之间可能会出现骂人、出手打人的情况。如果孩子是受害者，或者被人冤枉，孩子的内心一定是充满愤怒的。这时，如果不能很好地克制自己，孩子也会动起拳脚，很可能出现不可收拾的局面。出现这种状况，父母可以教孩子从心里"忍"，对自己说"我能忍住，我不动手""我和他说理""他骂了我自己也后悔了，他自己都不说话了"，这种暗示会推迟孩子发火的时间，等他再想发火时，也许会觉得很不值得或人家已经走了，这次的"火"就"忍"住了。久而久之，这种暗示的效果就可以扎根在心中，有效地控制孩子发火的冲动。

◆让孩子知道急躁是一种不好的表现

父母可利用孩子情绪平稳时，通过设计活动、观察影带或照片、阅读故事等方式，和孩子一起分析人物的表情或动作。例如，"莎莉生气了，因为汤姆撞到她了。生气的脸是不漂亮的。""小文正在哭泣，他可能没有得到自己想要的玩具。哭泣的脸也不漂亮。""小明在笑，因为他很喜欢妈妈送给他的生日礼物。带着笑的脸很好看。"然后，还要告诉孩子，爱发脾气的孩子不仅不漂亮、不讨人喜欢，而且发脾气对身体健康不好。哪个孩子不爱漂亮、不想人见人爱，这样他们在再发脾气时，就会拿这个标准要求自己，控制自己，争取不急不躁。

从"他制"到"自制"

"他制"是在别人的监督或提醒下表现出来的约束自己的行为，这不是真正意义上的自制。真正的自制是一种自觉行为，是不需要监督和提醒的，是内在机制表现出来的主动控制自己的行为。而孩子总有一天是要离开父母独立生活的，没有了父母的监督和提醒，就需要孩子真正的"自制"，否则孩子仍会非常散漫、为所欲为，这样下去对孩子的发展非常不利，严重时还会威胁到生命安全等问题。

涛涛是一个聪明而淘气的男孩，可他有一个毛病，那就是到了超市拿起自己喜欢的东西就拆包装。为此，爸爸妈妈曾一度不带他去超市购物，这惹得儿子很不高兴，当然也不利于孩子的成长，同时考虑到儿子长大后也是需要购物的，现在不带他去购物也不是个好办法。为了帮助涛涛改掉这个毛病，爸爸想出了一个办法。他知道儿子的小伙伴明明是个守规矩的孩子，于是联系了明明的爸爸，让明明和涛涛一起去一次超市。

这天，爸爸对涛涛说："儿子，爸爸明天还带你去超市购物。明明是你们幼儿园的小明星，你说老师和小朋友都喜欢他，你也喜欢他，那你叫上明明，我们一起去。"到了超市，涛涛还是控制不住自己。这时，爸爸对儿子说："你看，明明就不乱拆包装，所以大家都喜欢他。如果你能像明明一样守规矩，幼儿园的老师和小朋友也会喜欢你。""对呀，涛涛，我爸爸就教我不要随便拆超市的东西，想要的话就买回去，到家再拆。"明明这样说。涛涛似乎懂了点。后来的几次购物，涛涛仍不能完全控制自己，他虽不拆了，但却随意拿随意扔，不过在爸爸的劝说下，他把乱扔的东西都放回了原处。现在，不用别人叮嘱，涛涛每次进超市都能很好地控制自己。

爸爸耐心的引导，帮助儿子逐渐从"他制"过渡到了"自制"，这说明孩子是可以做到真正"自制"的，但是这需要一个过程。尤其是年龄较小的孩子，需要父母先进行提醒与督促，所谓"他制"。随着孩子慢慢长大，身心发育不断完善，父母可以通过耐心的引导和鼓励，帮助孩子渐渐实现"自制"。当孩子的自制行为变成一种习惯时，自制力也就自然而然地形成了。

◆让孩子知道不可以为所欲为

有的孩子经常会跟父母提要求："咱们去吃麦当劳吧！"而且有的孩子中午刚去吃过麦当劳，晚上还要去，不少孩子甚至为此跟父母大哭大闹。还有的孩子看到店里的玩具，妈妈不买就躺在地上打滚、撒泼，引来路人关注的目光，让妈妈非常尴尬。遇到这种情况，父母的态度一定要是坚决拒绝的，决不迁就，有必要让孩子知道，自己的爸爸妈妈既是友善随和的，又是有权制止他的无理取闹行为的，更要让孩子明白，不合理的要求哭闹也没有用。

被宠坏的孩子一旦进入社会，肯定会感到与他人格格不入，他们会发现没有人愿意与自己相处，因为别人都不喜欢他的无理取闹和自私自利。适当地拒绝孩子，会使孩子懂得与人相处时要讲道理，不能为所欲为，能让孩子学会控制自己的冲动，学会适度地提出要求。在父母长期坚持原则的制约下，孩子就会逐渐由"他制"转变为"自制"。

◆引导孩子评价自己的行为

培养孩子良好行为习惯时，父母一定要坚持说理，既要告诉孩子"不能这样做，要那样做"，又要让他知道"为什么不能这样做，要那样做"，让孩子用道理来评判自己的行为是对还是错，这样他就会以此来约束自己不做不该做的事情。道理好似一种无形的准则，孩子只有理解了"准则"的意义，他才会心悦诚服地遵守和执行，并自觉地去控制自己不符合规范的行为，而爸爸妈妈简单的训斥与体罚是不能真正起到教育孩子的作用的。

比如，孩子和小朋友玩的时候，总是喜欢用手推别人，有时还会把别的小朋友推倒在地。这时，妈妈可以耐心地说："你用手推别人，别人是不喜欢的，也许人家以后就不和你玩了。如果你把小朋友推倒在地并摔破了，不仅给他身心带来伤害，妈妈还要带他去医院包扎。这样对你自己、对别人都是不好的。妈妈知道你推别人是想告诉别人你想干什么，你可以说出来，说不好没关系，可以慢慢说，别人是会明白的。"这样，孩子再想动手推别人时，就会想到这是一种不好的行为，想到别人不和自己玩了，想到别人摔破的情景，他就会从内心里自觉地控制自己的行为，并学着用语言来表达自己的需求。

◆父母的鼓励很重要

鼓励能给孩子带来更大的自信和动力，尤其是爸爸妈妈的鼓励对孩子来说就是春天里的暖风，就是冬天里的阳光，能让孩子浑身充满力量。孩子不敢走平衡木，妈妈说："不试怎么知道不行，试试，你肯定行。"孩子敢走了。孩子在幼儿园穿衣服得了一颗小红花，妈妈说："你真棒！"孩子下一次能穿得更快、更好。孩子整理了一半玩具不想整理了，妈妈说："看那些整理过的玩具多整齐、多干净，坚持一下，马上就完了。"孩子会把另一半整理完。

不难看出，鼓励会让孩子坚持下去，还能让孩子做得更好。鼓励是对孩子能力的尊重和信任，赏识的是孩子的努力过程。父母长期对孩子进行鼓励，孩子在想放弃时就会想到妈妈对自己的赞扬和期待，就会自觉地坚持下去。

◆让孩子学会负责

负责其实就是自制的一种表现。孩子在学会对一件事情负责的过程中，一定在努力克制自己把事情做好，更好地处理与合作伙伴的关系，这本身就是在进行自我控制。所以，让孩子对自己的行为以及由行为产生的后果负责，是培养孩子自制力的一个非常有效的办法。我们看一家国际幼儿园的做法。

早上入园时，两位金发碧眼的外国老师一边尽力哄着正在哭的孩子，一边发给不哭的孩子饼干吃，并鼓励他们的勇敢和独立。吃饭时，老师耐心地比画着，启发孩子自己吃饭。如果不吃，食物会被全部收回去。午睡时，有的孩子睡觉，有的孩子不睡觉。老师会让不睡觉的孩子到别的房间去玩，但有一个前提，不能干扰休息的小朋友。

据这家幼儿园的外国老师说，"饼干没有发给正在哭的孩子，是要告诉他们控制自己的情绪，勇敢适应新环境的行为是值得肯定和表扬的，哭解决不了问题，也无法获得肯定。""孩子若是饥饿就会自己吃饭。瑞士人是不喂孩子吃饭的，让孩子为自己负责是生命和生活最基本的法则。""孩子有孩子的自由，不想睡觉就不睡觉，但要让孩子在自由中学会如何为自己设定界限，并学习如何承担对他人的责任。"

老师的做法，不仅可以让孩子自己学会控制情绪和行为，很好地培养了孩子的自制力，同时培养了孩子的责任感，让孩子学会对自己负责、对别人负责。这种做法对家庭教育具有很大的启发，父母可以借鉴并运用到孩子的日常生活中，长期坚持，孩子的自制能力一定能够得到提升。

第 8 章　高效能力训练

按计划做就不会手忙脚乱

我们先来看下面一组镜头：

明明早晨起床，把房间翻得一团糟。妈妈问他在干什么，他很着急地说："我找不着袜子。妈妈，快帮我找找，马上要迟到了。"

王好早上赖床，起来后又磨蹭，一会儿换件衣服，一会儿又换双鞋，好不容易穿戴好，出了门，不知又忘了带什么，又返回家。她常常都是手忙脚乱的。

还不到月末，小丁低着头对妈妈说："妈妈，我的零花钱花光了。"妈妈问他："你的零花钱不少啊，你是怎么花的？"小丁很委屈地说："我也不知道，花着花着就没了。"

期末考试临近，马一每天早晨很早起来背书，每天晚上复习功课到凌晨。妈妈劝他要注意身体，他急躁地说："我还没有复习完呢，我要是早点复习就好了。"

其实，这些都是典型的缺乏计划的表现。要避免这样的问题和麻烦，最好的办法就是让孩子学会有计划地做事，即对自己要做的事情有具体的时间规定、有准备、有措施、有安排、有步骤。

做事有计划，不仅能帮助孩子有条不紊地照料自己的生活，也能帮助他们高效地学习和处理各种事情。做事没有条理、没有计划的孩子将会比其他人走得更辛苦。对于孩子来说，做事情缺乏条理、没有计划是儿童时期的一种自然反应，但如果父母不注意引导，孩子往往会养成拖拉、懒散、盲从等不良习惯，这对孩子日后的成长将带来非常大的麻烦。

训练孩子有计划地做事，父母可以从日常生活入手，不能心急，因为这不是一朝一夕就能见效的。

◆**尽早进行训练**

幼儿时期的孩子可能不知道什么是计划，但父母可以通过自己的言行让孩子感知计划，为以后孩子自己制订计划打下基础。3岁以前，父母可以把计划说给孩子听，如从晚上散步到参加聚会、从拜访朋友到周末出行，并试着用商量或征求意见的口吻激发孩子对计划产生回应。4～6岁，父母可以鼓励孩子安排自己的生活，并说出来或者画出来，还可以引导孩子说说没做到的原因，以便下一次更好地实施计划。

◆**让孩子知道计划的重要性**

有时候，父母和孩子讲计划很重要的道理，或者干脆强迫他去做，有可能会使孩子产生厌烦的心理。聪明的父母会让孩子通过亲身经历，真正体会到计划的重要性。

8岁的儿子要和同学到山里参加一个为期两天的野营活动。出发前，妈妈再一次叮嘱儿子要带齐所需物品，希望他再想想还有什么没带。儿子却很自信地说自己收拾好了所有物品。其实，妈妈知道他没有带够衣服，因为山里天气凉，需要多带一两件，他也没有带手电筒。此时，妈妈没有给儿子更多的提示。

过了两天，儿子回来了，妈妈问他玩得是否开心。儿子说自己衣服带得太少了，手电筒也没有带，这两件事搞得他好狼狈。妈妈让他总结原因，他认识到自己应该先了解一下当地的天气情况再做决定，还说下次野营时会先列一个单子，就像爸爸出差时列的单子一样，这样就不会忘记东西了。

造成这位儿子尴尬的原因就是计划不周。妈妈明明知道儿子该带的物品没有带，却没有提醒他，就是想通过这件事让儿子吸取教训，认识到做事之前需要计划的重要性。儿子果然没让妈妈失望，他已经知道自己下一次该怎么做了。

当然，让孩子懂得计划很重要的方法还有很多，如父母以身作则、用成功的事例启发等。当孩子真正认识到计划很重要的时候，他就会自然地制订计划，并按计划去做。

◆督促孩子事前做计划

孩子做事之前，父母经常督促他做好计划，让孩子觉得做计划是一件必需的事情，并感受合理计划的益处，这样孩子就会慢慢接受做计划这件事情。

德国人非常注意做事的计划性，他们会耐心地引导孩子做事讲究计划。如果一个孩子对爸爸说："爸爸，我周末想去郊游。"他的爸爸不会直接说"好"或者"不好"。他会问孩子："你的计划呢？你想跟谁一起去？到什么地方去？怎么去？要带什么东西去？"如果孩子说："我还没想好。"爸爸就会对他说："没想好的事情就不要说。如果你要去，就要先做计划。"所以，德国孩子做事一般都比较严谨，做事之前往往会有周密的计划。

我们的父母也可以这样做，经常问孩子"你的计划呢"，并耐心地与孩子讨论他的计划，使计划趋于可行，那么孩子就会悄悄地养成做事之前订计划的良好习惯。

◆教孩子做计划

孩子有了计划意识，父母还要教孩子如何做计划，帮助孩子掌握做计划的方法，使孩子尽早能够独立做计划。如果孩子还小，父母可以帮助孩子设立一个计划表。计划表可以帮助孩子克服惰性和倦怠，可以确保孩子不会浪费时间，可以使孩子了解自己完成工作的进度，让他清楚地知道已经做了哪些事、哪些事等着他去做。如果孩子能按部就班、循序渐进地完成事先的计划，他就不会手忙脚乱，压力也不会变得过大。

孩子稍大一些的时候，父母可以把自己的计划告诉孩子，让孩子参与讨论与完善。比如，可以把星期六的活动安排事先告诉孩子：上午做好家务劳动，下午去公园玩，然后去看姥姥……然后鼓励孩子发表自己的意见。如果孩子的意见合理，则可以按照孩子的想法去做；如果孩子提议先看姥姥后去公园玩，则可与他分析：公园有一定的时间限制，去晚了可能就玩不了那些碰碰车等项目，即使进去了也逛不完，所以还是先去公园后去姥姥家合适。这样的讨论可以使孩子明白做事为什么要有计划，以及怎样安排更合理。

等孩子能够自己做决定的时候，可以教孩子自己制订计划。比如，周末的时候，要带孩子去出游，可以让孩子把自己想玩的项目列出来，并按照喜欢程度从前到后排列，划船、钓鱼、打球……然后和孩子一起讨论是否合理，修正不合理的地方，并跟孩子讲清为什么要修正。这种实践性的锻炼最能培养孩子做事有计划的习惯。对于孩子自己的事情，父母更应该让孩子自己来安排和计划，这样孩子能够更好地遵守自己的计划。

总之，不管是帮助孩子做计划，还是教孩子自己做计划，父母都要告诉孩子，做计划要周密、详细，什么时间做什么事、需要多长时间、做到什么程度，中间遇到问题怎样解决，都要做到心中有数；还要按事情的轻重缓急来计划，把预计需要的时间计算得宽裕一些，并做一个计划表，做好的计划表要放在容易看到的地方，可以起到提醒的作用。计划可以是一个月的，也可以是一个星期的，还可以是一天的，具体到某件上也可以。只有这样，才能高效地实现目标。

◆引导孩子严格按计划去做

有了计划，就要按计划去做，否则计划就失去了意义。但是，孩子小，往往不能控制自己的行为，做一件事很容易半途而废。所以，父母要引导、督促孩子遵守计划。比如，孩子玩了半小时后还要继续玩，就必须提醒他做下一件事情；这个星期的零花钱花完了，不能再给孩子，让孩子必须坚持到下一个星期；放学后做作业时，必须要求孩子先回顾当天课堂上所讲的内容，再去动手做作业，写完作业才能去玩。这样才可以提高孩子对计划的执行力，养成一种不折不扣的执行习惯。

另外，晚上睡觉前，还可以和孩子聊天10分钟，问问孩子当天计划的完成情况，有没有什么进步，有没有什么特别的体会，这其实是在引导孩子做每日总结，长此以往，每天睡前10分钟的总结会成为孩子的固定思维。父母还可以鼓励孩子用写日记的方式进行总结，把计划制订、实施情况及心得体会详细地记录下来，等计划完成后，孩子会发现自己又长进了一大步。

有计划地做事情可以带给孩子自信和成就感，当孩子看到那么多的任务被自己一件件完成并狠狠地划去的时候，他会觉得再多的事情、再难的任务，自己都能得心应手地去解决，他也会用一种积极的心态去迎接新的挑战。

教孩子有条理地做事

孩子把所有的玩具都倒出来，就是为了找自己想玩的那一个；孩子把书架翻遍了，就是找不到自己要找的那一本；孩子把书包翻了个底朝天，就是找不到数学作业本……这就是孩子做事缺乏条理性带来的后果。要训练孩子做事的条理性，父母仍然需要从孩子小时候抓起，使孩子养成有条理做事的习惯，孩子才不至于丢三落四、手忙脚乱。

◆父母以身作则

喊破嗓子，不如做出样子。父母平时做事有条理，对孩子有很大影响。比如，房间收拾得干净整洁，摆设井然有序；用过的东西及时放回原处，以便需要的时候迅速找到；衣柜里的衣服分类摆放，脏衣服不乱塞乱放；第二天上班需要带的东西，头一天晚上就准备好；等等。这样的言传身教和以身作则，对孩子有条理做事具有积极的影响，孩子会在潜移默化的影响下渐渐形成有条不紊的习惯。

◆给孩子找个榜样

有些时候，父母跟孩子强调需要有条理地做事，孩子往往不在意或不愿意接受。这时，父母可以给孩子找一个年龄相当的榜样，让孩子在榜样的影响下树立条理意识。

一位妈妈为自己女儿做事没条理而烦恼。一天，她向朋友诉说了这件事。朋友给她出了一个主意："让你的女儿去我家里住几天。"

这位妈妈把自己的女儿送到了朋友家。她看到朋友女儿的房间整理得井然有序，一问才知道，那都是她女儿自己收拾的。两个女孩到了一起，玩得很高兴，一起玩拼图、玩棋类游戏等。玩得差不多了，朋友的女儿便很自觉地收拾东西，并放回到原来的地方。看着伙伴收拾，女儿也开始帮忙。几天后，从朋友家回来，女儿发现自己的房间一团糟，主动提出要收拾。在妈妈的帮助下，女儿把自己的房间整理得干干净净。从那以后，女儿也学着很有秩序地摆放物品，用完的东西不乱扔，而是放回原处，而且渐渐养成了有条理的习惯。

父母还可以抓住这个契机，让孩子做一些力所能及的事情，如晚上睡觉之前把脱下来的衣服放到固定的位置，看完动画片光碟放回碟盒，上学后可以让孩子整理书包、准备好第二天要穿的衣服等。这些都可以帮助孩子养成做事有条理的好习惯。

◆教给孩子有效的方法

孩子做事无条理，可能是他不知道如何做才能有条理，父母教给孩子一些有条理地做事的有效方法，孩子就会很快地学会有条理地做事。

（1）分门别类。让孩子把物品按类别分别存放，可以帮助他下一次需要的时候能够很方便地找到并使用。

一天，一位爱好收藏的爸爸对女儿说："一个人如果爱好收藏，他就会感到很快乐。"

女儿有些怀疑地看着爸爸，说："是吗？那应该收藏一些什么呢？"

爸爸说："什么都可以，比如你喜欢画画，那就可以收藏各种美术作品。"

女儿说："那很容易，我会收集好多好多画片的。"

谁知爸爸却说："'收'容易，'藏'就不容易了。"

女儿有些纳闷："怎么不容易？"

爸爸说："'藏'就是会分门别类，就是要学会条理化。"

然后，爸爸就给女儿介绍了国际上流行的一种藏书条理化的"资料十进分类法"，并指导女儿把自己的图书按照类、纲、项、目四个层次进行了分门别类的整理，而且把经常要使用的书放在比较醒目的地方，把暂时不看的书放在其他地方。这样，女儿做到了心中有数，再也不会为了找一本书而翻遍整个书柜了。

更重要的是，女儿在爸爸的指导下学会了做事有条理，她开始注重自己安排事情，如书包整理得非常有条理，语文课本、数学课本都是按顺序摆放的，只要把手伸进书包摸到第几本书就知道是什么，再也不用拼命翻书包了。

父母可以给孩子提供一些存放东西的器具，如文件盒、订书机、文件夹、金属丝篮子、塑料筐、鞋盒子等，鼓励孩子把衣物、玩具、书本、杂志等分门别类地放好。

（2）列清单。列清单可以帮助孩子有计划地做事。清单的对象可以是家务琐事、家庭作业或者提醒他要做的事情，以及要带到学校去的东西。把每一件事都列出来，再逐条去做，就不会显得乱七八糟、无从下手了。另外，列出的清单要贴在孩子能够很容易看到的地方，或者让他随身带一个小本，以起到提醒的作用。

（3）分清主次。一天中要做的事情很多，告诉孩子要分清主次，懂得轻重缓急，先做急事、要事，不急的、不太重要的可以往后排。比如，第二天有个演讲比赛，可以让孩子头一天晚上多练一会儿，两天以后才要写好的入团申请书可以往后推一下。这样，孩子就可以避免捡了芝麻而丢了西瓜，慢慢学会合理利用时间，提高做事效率。

（4）定期清理垃圾。孩子的房间乱糟糟，也许是因为房间垃圾太多，如抽屉里和地板上都充满了废物碎片、糖纸、弄断的笔尖和碎橡皮等。让孩子每个星期清理一次，把抽屉、筐、盒子和袋子拿出来，把里面的东西全都倒在一张大报纸上，拣出有用的东西放回去，剩下的垃圾直接扔掉，这样房间就能长期保持整洁。

◆给予适当惩罚

孩子总是丢三落四，适当地惩罚一下，让他自己承担做事没有条理的后果，可以有效地帮助孩子长些记性。

一次，爸爸发现儿子又忘戴红领巾了，为了让孩子尝尝丢三落四的后果，养成良好的习惯，这次他没有给他送红领巾。儿子放学回来沮丧地说，因为他没戴红领巾，他们班被扣了1分，同学们都责怪他。于是，爸爸趁热打铁，说："以后你一定要把该带的东西提前整理好。"儿子若有所悟地点了点头。从那以后，儿子做完作业总会认真地收拾书包，嘴里还念念有词："笔、尺子、语文书、默写本、文具盒、红领巾……"很明显，儿子做事有条理多了。

总之，教孩子做事有条理，是一个长期的工作，父母除了教给孩子方法之外，还要有足够的耐心。

别犹豫，立刻行动

演讲大师齐格勒说，世界上牵引力最大的火车头停在铁轨上，为了防滑，只需在它8个驱动轮前面塞一块一英寸（约2.5厘米）见方的木块，这个庞然大物就无法动弹。然而，一旦这个巨型火车头开始启动，那小小的木块就再也挡不住它了；当它的时速达到100英里（约160千米）时，一堵5英尺（约130厘米）厚的钢筋混凝土墙也能轻而易举地被它撞穿。从一块小木块令其无法动弹到能撞穿一堵钢筋水泥墙，火车头威力变得如此巨大，原因不是别的，就是因为它开动起来了。

其实，人的力量也是无比巨大的，只要行动起来，许多令人难以想象的障碍都会被轻松地突破。当然，光想却不行动，就如同停在铁轨上的火车头，连一块小木块也无法推开。

不立刻行动实质上就是在拖延时间，没有足够的时间做事，任务都完成不了，更谈不上高效率做事了。"千里之行，始于足下。"路再长，只要不停地走，就能达到终点；而路再短，不去迈出第一步，永远也不知道终点在哪里。所以，要想高效率做事，最有效的办法就是"立刻行动"。

孩子明明知道有事要做，却迟迟不动手，可能是因为对所做事情不感兴趣，或者主观上认为事情太难，或者是没有时间观念，或者觉得太耗时间，或者害怕别人知道自己做不好，或者希望一次性做好，或者是执行力差。另外，还可能是因为妈妈一直唠唠叨叨、爸爸事事追求完美、爷爷奶奶期望值过高，或者是因为不爱上班、不得不遵守时间表、每天早晨起床后就不快乐的父母。孩子的神经，犹如敏锐的雷达，这些都能感觉得到。

孩子不动手去做的原因可能不一样，父母首先要通过观察和沟通弄清楚孩子为什么不行动，然后对症下药，会收到良好的效果。

（1）培养孩子的兴趣。做自己感兴趣的事，孩子就不会在心里总对自己说"等等再做""先玩一会儿，再做不迟"，相反他会主动积极地去做。所以，不管做什么事情，父母要先从兴趣入手，通过激发兴趣的手段让孩子对所做的事情产生兴趣，这是克服磨蹭最根本的办法。另外，父母给孩子说话时可以换一种说法，"不要跟孩子说，你得做什么。问孩子，你想要做什么，爸爸妈妈支持你"，这会让孩子感到满足而不是压力，压力会让他找各种理由来拖延。

（2）培养孩子的时间观念。没有时间观念的孩子，就不懂得珍惜时间，做起事来总是拖拖拉拉、做做停停，根本谈不上什么方法，也缺乏效率。所以，要让孩子不拖拉，就得让孩子知道时间是宝贵的，浪费了就永远回不来了。父母可以通过跟孩子玩计时做事的游戏、讲故事等方式，让孩子感知时间；也可以给孩子讲道理，如对他说"飞机马上要起飞，你却没有赶到飞机场，你可以让它等你吗"这样的话，让孩子慢慢领会时间的意义；还可以引导孩子分析相同的时间做不同的事情，所带来的价值是不同的，同时让孩子明白每个人的时间是均等的，关键在于自己如何去利用它。

（3）帮助孩子分解任务。孩子不行动，可能是对眼前这个比较复杂的任务有所畏惧，不知如何下手。父母如果能帮助孩子把一个大任务分解成一个个小任务，再将每个小任务分配到可用时间里面，可以降低孩子所面临的难度。比如，把一个任务分解成5个小任务，完成一个小任务，孩子就有一份成就感和一份轻松感，就可以信心十足地进入下一个任务。当所有的小任务都完成后，一个看似不可能的艰巨任务也就搞定了。教孩子自己掌握这种方法，以后不管面对看似多难的任务，孩子也能很快行动起来，而不是内心充满畏惧而不敢下手。

（4）让孩子大声告诉自己：我下一步该做什么。完成了一个任务之后，下一个目标应该干什么，不妨让孩子大声告诉自己。这既是对前一个目标的认可与肯定，也是对后一个目标的鼓励与鞭策。这样做，能给孩子内心注入一种无比向上的正能量，让他的内心继续保持强大有力，以便有足够的动力开始下一个任务。

（5）给孩子定一个时间。做一件事之前，给孩子规定一个时间，让他必须在这个时间内完成，否则后面的"好事"就没有时间去做了。这可以给孩子一个督促和激励，使他不得不尽快下手去做。可以让孩子拿起闹钟，设定在10分钟、20分钟或其他自己觉得应该能完成这件事的时间，然后一刻也不要停，立刻去做。等孩子完成了，他会觉得行动其实不是太难的事情。

（6）多给孩子积极的心理暗示。有时候孩子磨蹭，往往是因为父母过于催促，使孩子产生逆反心理。比如，如果孩子遇见难题不想做作业，要积极地帮助孩子解决，不要一味地指责，多给孩子积极的鼓励，让孩子在解决问题的过程中获得成就感。生活中，父母可以有意识地表扬孩子"你今天效率很高"，如果经常说"慢"的话，孩子心里就会做好慢的准备，渐渐养成拖延的习惯。

另外，孩子心中有了目标，父母还可以引导他从脑海里描绘任务完成以后令人兴奋的情景，爸爸妈妈的鼓励、赞扬、微笑，还有自己的喜悦、轻松与成就感。这些可以给孩子充足的动力，激励他继续完成下一个目标。当然，千万不要没完没了地沉浸在想象之中，从而忘记了启程的任务。

"人并不是因为跑得不快而赶不上火车的，而是因为出发晚了才赶不上的。"这话说得很有道理，也看出了立刻行动的重要性。所以，父母一定要教育孩子抓紧时间，行动起来，提高做事效率。

今日事，今日毕

"明日复明日，明日何其多。我生待明日，万事成蹉跎。"这首诗形象地告诉我们，总把今天的事情推到明天、把明天的事情推到后天的人，什么事情也干不成。因为他当日的事情完不成，拖到明天，再拖到后天，一直拖，拖到实在没有办法再拖下去了才去做，这会让人一生一事无成。这就是拖延惹的祸。

说到拖延，它几乎是每个人的通病。据调查，85%~90%的大学生有拖延的习惯；中青报社会调查中心的一项调查也显示，72.8%的人认为自己爱拖延。可见，许许多多的大人每天都在拖延，更别说是孩子了。

拖延是一种非常不良的习惯，它会给人带来很大的压力，因为有些早该做的事情没有做，它就会作为一种压力一直存在，直到这件事情被解决，而压力对人的身心健康是极其不利的。所以，爱拖延的人，总有一天，他不仅会因为拖延而丧失时机，与成功擦肩而过，而且会在很大程度上损害自己的身心健康。孩子考试前焦虑不安，紧张无序，就是因为平时应该记的东西没有去记，应该去做的习题没有去做，都堆到了考试前夕，致使压力过大所致。

孩子做事拖延，可能是因为注意力不集中，做一件事的时候注意力被另一件事情吸引过去了，因此这件事总做不完；还可能是因为孩子时间观念不强，不懂得珍惜时间，总把手头的事往明天推。家长不能以身作则也是孩子做事拖拉的一个原因，父母没有时间观念，做事没有计划，喜欢今天的事情明天再做，孩子难免会受到影响。

"今天做不完了，明天再说吧！""今天实在不想写了，明天再说吧！"总是把"明天再说吧"挂在嘴上的孩子，拖沓、懒散、整日无精打采，不管是对待学习还是生活都提不起兴趣，生活常常一塌糊涂，这样下去对以后的学习和生活都很不利。所以，不管是什么原因造成孩子的拖延，父母都要帮助孩子克服拖延的毛病，让孩子懂得珍惜眼下的时光，养成"今日事，今日毕"的好习惯。

◆ 教孩子专注自己的目标

干一件事，就要专注于这件事，才能快速完成这件事。如果知道自己要干这件事，却还是一会儿干这个，一会儿又干那个，这样三心二意，永远也完不成眼前要干的这件事，这事就要被推到明天。

一天早上，猫妈妈带着小猫到小河边去钓鱼。小猫一会儿去捉蜻蜓，一会儿又去捉蝴蝶，结果蜻蜓、蝴蝶都没捉着。

小猫空着手回到河边，看着猫妈妈钓到的大鱼，说："真气人，我怎么一条鱼也钓不着？"猫妈妈看了看小猫，说："钓鱼要一心一意，不要三心二意，你一会儿捉蜻蜓，一会儿捉蝴蝶，怎么能钓到鱼呢？你坐下来，不去想蜻蜓、蝴蝶，用不了一会儿，你就能钓上鱼。"

小猫听了猫妈妈的话很难为情，于是就一心一意地钓鱼了。蜻蜓又飞来了，蝴蝶也飞来了，小猫就像没看见一样，一步也没走开。不一会儿，钓竿上的线往下沉，钓竿也动起来了，小猫使劲把钓竿往上甩，真的钓上来一条大鱼。

这个故事大家都知道，它告诉我们，不能专注于自己的目标，心浮气躁、抵制不了外界因素的干扰、不能很好地控制自己，行动就会偏离目标，目标将永远不可能变成现实。所以，父母要教孩子心中时时记着自己要干什么，并学会抵制诱惑，这样做事才不至于虎头蛇尾、半途而废。

◆**给孩子一种紧迫感**

孩子爱拖延，是因为他觉得自己的时间很多，可以把要做的事情推到下一小时，一天，甚至是一周。对于孩子的这种心理，父母一方面要教孩子知道时间的宝贵，一分钟、一小时过去了，就永远不会回来了；还要让孩子知道时间是最公正的，它不会因为谁富有而多给谁一分，也不会因为谁贫穷而少给谁一秒，它给每个人的都是24小时，谁珍惜，它就会给谁丰厚的回报，而对于那些肆意糟蹋的懒汉，它只会让他活得越来越累。

另一方面，父母要给孩子一种紧迫感，最好给他制订一周或更长时间的计划，让他知道每个时间都有每个时间要做的事，把一件事推后，那么后面的事情都会受到影响。如果总把今天的事情推到明天，这样下去，事情只会越来越多，给孩子带来的压力也会越来越大。

◆**帮助孩子克服懒惰**

说到懒惰，不由得让人想起寓言故事里的寒号鸟，它在死到临头时，还唱着"寒风冻死我，明天再垒窝"。还有一个寓言故事里的懒汉，懒得不愿转动一下套在自己脖子上的大饼，只吃嘴边的，最后落了个活活饿死的下场。懒惰的人，只会把眼前的事一拖再拖，自己感觉轻松顺心，最终却一事无成。

父母可以在日常生活中对孩子进行一些常识教育，教孩子一些基本的生活技能，将一些轻松的家务分配给孩子来做，如扫地、倒垃圾等，不要怕耽误孩子的时间，因为这些也是孩子学习的重要内容。通过这些事情主要培养孩子勤劳的习惯，有了这种习惯，孩子再做其他事情就不会懒惰了。

◆**鼓励孩子再坚持一会儿**

有些孩子知道计划的重要性，也有时间观念，但一遇到困难，他的计划就要宣告失败。这样下去，事情也会今天拖到明天，明天拖到后天。这个时候，父母就要从孩子的意志力上下功夫了。

一方面，父母可以通过引导，让孩子立个规矩，以约束他的行为，如当天的事情做不完就不睡觉、就取消想要买东西的计划等，可以督促孩子尽快做完当天的事情。当然，父母最好以积极的方式激励孩子主动完成事情，还可以让孩子亲身体会一下拖拉的后果，也能起到一定的提醒和督促作用。

另一方面，当孩子坚持不下去的时候，让孩子进行自我暗示："再坚持一下，胜利就在最后五分钟。"父母平时就可以给孩子讲讲这些道理，让孩子知道有些人没有成功，原因就是他们倒在了"最后五分钟"之前，在胜利马上就要到来之际做了逃兵。所以，再坚持一下，胜利的曙光就在前方。

今日事，今日毕，对于孩子来说，是一条好经验，也是一个好习惯，所以父母必须帮助孩子做到，让孩子受益终生。

教孩子最有效地利用时间

时间对于每个人都是平等的，抓不住就像流水匆匆，抓起来却像金子般沉甸甸。一个人能不能高效地做事，就要看他是否能抓住时间并最有效地利用时间。数学家陈省身说："有效地利用时间，似乎使我比许多人多出了一倍的时间！"培根也说："若要敏捷而有效率地工作，就要善于安排工作的次序、分配时间和选择要点。"可见，合理地利用时间，是高效率做事的基础。会利用时间的人，他的工作效率就高，时间相对充裕，工作也相对轻松；不会利用时间的人，他的工作效率就低，感觉工作就像一场没有尽头的马拉松，令人身心疲惫，整天处于一种紧张焦虑的痛苦状态。孩子能不能安排好自己的时间，同样与他的做事与学习效率有很大的关系。

对成长中的孩子而言，时间尤其宝贵。因为孩子们还不具备成年人自我调节时间的能力。父母要指导孩子学会管理时间，帮助孩子充分利用有限的宝贵时间，还要指导孩子巧用时间，这样就可以很好地提高孩子的学习与做事效率。原来一小时才能做完的事情，现在半小时甚至二十分钟就能做完，省出来的时间可以干任何事情，休息、看书、玩耍，什么都可以，何乐而不为？

◆让孩子学会使用统筹方法

如果孩子的做事效率不高，父母可以教会孩子利用统筹方法来安排做事的先后顺序，进而节省时间、提高做事的效率。

统筹方法是一种安排工作进程的数学方法，是由我国著名的数学家华罗庚创立的。这种方法可以用生动的例子来说明，比如烧开水的时候可以同时做洗茶壶、茶杯的工作，不用等茶水烧开了再洗茶壶或茶杯。它的特点是利用做某件事的时间同时做另外一件或几件事。

父母可先教会孩子这种统筹方法的基本知识，再为孩子举几个通俗易懂的例子，他们会在较短的时间内接受这种科学的方法，孩子掌握后就能比较容易地管理好时间。例如，孩子在早晨吃饭的时候可以让他打开录音机，一边吃饭一边听英语，这样就节省了时间。在这件事上节省了时间，就等于为另一件事赢得了时间。

◆引导孩子把"黄金时间"用在学习上

孩子一天内有很多事情要做，而只有在合适的时候做合适的事情，才能提高效率。"黄金时间"就应该做比一般事情更加重要的事情。这里说的"黄金时间"是指记忆的最佳时间。生理学家研究表明，一天之内有4个学习的黄金时间，第一个是清晨起床后的6～7点，第二个是上午8～10点，第三个是下午6～8点，第四个是晚上10～11点。如果孩子懂得把"黄金时间"用在学习上，就可以轻松自如地掌握、消化和巩固知识，提高学习效率。

孩子还小的时候，不懂得如何有效地利用时间，也不能掌握自己的生物钟，所以父母要引导孩子把重要的、耗费心神的学习内容安排在"黄金时间"，把相对轻松、简单的学习内容安排在易产生疲惫感的时间段，这种安排能大大提高学习效率。

做任何事情都需要时间，包括休息和玩耍。休息的时间不能算是浪费时间，但是如果孩子在最佳学习时间段休息，这就不能不说是一种浪费了。也就是说，安排不当就是浪费。比如，周六、周日的时间，学习的黄金时间在上午，而孩子却安排自己在整个上午做一些洗衣服、打扫房间等杂事，而中午、下午才来做作业的话，这也不能不说是一种浪费了。所以，想让孩子高效学习，就要让他充分利用好每天的最佳学习时间段——黄金时间。当然，不同的孩子，有自己独特的学习时间规律和习惯，父母只要引导孩子充分利用好自己独特的"黄金时间"，养成在固定时间学习的好习惯，这就可以，而不必一定强求孩子按照专家给出的"黄金时间"来学习。

◆指导孩子充分利用零散时间

俗话说得好：用"分钟"来计算时间的人，比用"小时"来计算的时间的人，时间多59倍。可见，零散时间不能小视。零散时间看似不起眼，但积少成多，每天把零散时间都充分利用起来就是一笔不小的收获。而每天的零散时间往往被孩子忽略了，所以父母要教育孩子千万不要小看这些零散的时间，要善于把它们利用起来。"时间统计法"的创始人柳比歇夫就是一个想方设法利用每一分钟"下脚料"的人，他乘电车时复习需要牢记的知识、排队时思考问题、散步时兼捕昆虫、在那些废话连篇的会议上演算习题……

我们的孩子也可以利用零散时间做一些零碎的事情。比如，炎热的夏天，虽然饭菜都做好了，却很烫，一时吃不了，这时与其坐着等吃饭，不如读一篇优秀作文或背几个单词；又如，运动回来累了，躺在床上休息一会儿，但这并不是真的睡觉，这时就可以打开学习机，播个故事听听或放一段英语对话；再如，每天放学等公共汽车和坐车的时间，可以把课堂上学的东西回忆一遍，就能节省晚上做作业之前看课本的时间。这些事情看似小，收获却不小。

◆教孩子善用整块时间做件大事

有些事情，最好是用一整块时间，一气呵成。比如，孩子在写一篇参赛作文，估计要一小时，如果今天写一点，明天写一点，那么头一天打开的思路和找到的素材第二天又得从头再想或重新再找，这样就会很耽误时间。但是孩子的注意力比较短暂，做事时持续时间不会太长，如果太长，大脑会疲劳，效率会变低，他就会感到这件事是漫长而痛苦的，这直接导致他最后选择拖拉。因此，父母可以教孩子把时间化整为零，分割成三四段，这样做起来就容易多了。　比如，可以让孩子把一小时分成三个"20分钟"，每个"20分钟"一结束，就休息5或10分钟。由于每次时间短，孩子就会在规定时间内思想高度集中，也就可以提高效率。

让孩子知道珍惜时间，充分利用时间，把时间用在有意义的事情上，让每分钟都能发挥最大效能，对孩子的一生都会有深远影响。但是，在孩子效率提高的同时，父母也要告诉孩子，动作快不等于做事马马虎虎、敷衍了事，而是要把事情做得又好，又能节省很多时间。

第 9 章　应用能力训练

让知识充满活力

英国著名哲学家怀特海著名的"无活力概念论"，本质上是指知识吸收的僵化，就是说儿童所学的知识很少或不能在实践中加以运用，儿童在智力上不是越来越发展，而是越来越压抑，终而使人学非所用，学用脱离，最后变得越学越蠢。著名心理学家岳晓东说，我们中国的孩子创造力差，一个主要的原因就是知识无活力化，导致孩子对于知识的获取"见树不见林，学不致用"。

造成孩子们知识无活力化的原因是多方面的。一方面，包括家长、老师、孩子在内的不少人都认为，大学之前的学习都是基础学习，学过的知识现在用不上，将来会用上，所以不必强调学用结合。这其实是知识无活力的认识误区。岳晓东说，如果认为学习知识只是为了将来某一天能派上用场，那么哪一天算是某一天呢？这样等下去，我们就等老了。另一方面，孩子在家里被父母包办一切事情，失去了动手实践的机会和能力；在学校，灌输式的学习，同样抑制了孩子想象力和创造力的发展。

而西方的教育多倡导发现式学习、体验式学习，将知识的活学活用作为最终目标，可使孩子立即看到自己学习的成果，他们的孩子是"知识学得少而用得多"；而我们的教育多是灌输式学习、背诵式学习，把拿到一个好成绩作为最终目标，指望孩子多年后再去体会自己的学习收获，孩子处于"知识学得多而用得少或学而无用"的境地，这其实是很可悲的。

对于是把拿到一个好成绩当作学习的最终目标，还是将学过的知识活学活用当作学习的最终目标，我国著名心理学家岳晓东用自己的一次亲身经历给了我们答案：

岳晓东在哈佛读书时，发现一个大二学生一边读书，一边给一家日本的杂志投稿，讲述他在哈佛的求学经历，深受一批"粉丝"的喜爱。结果，这家杂志社出资邀请他到日本去做巡回演讲。这件事对岳晓东的触动极大，"在我24年的学生生涯中，前22年的学习都是为了拿到一个好成绩，从来没想过把自己学的东西卖出去，而那个学生在大二时就活学活用，现学现卖，这不就是知识活力化嘛！"于是，他也把自己的作业整理了一番，开始到国内的杂志投稿，终于在32岁那年发表了第一篇文章。

后来，岳晓东在内地很多高校做学术报告时，当他请发表过文章的人举手时，一些博士生都不举手。他再问他们打算多大岁数发表第一篇文章时，大部分人都说硕士论文写完再发表。这表明中国学生处于惯性的思维之中，即"我现在知识非常浅薄，我有什么资格去发表文章"或"现在学的东西还不扎实，怎么能发表文章"，这种思维直接导致了知识不能学以致用。这也是我们的孩子不能学用结合的一个重要原因。

相反，生活中却不乏能够学以致用的例子。西安一位小学生写了7万字科幻小说 小学毕业时赠予母校；武汉市小学生发明了一种"双尖绣花针"，荣获第四届中国青少年发明创造比赛一等奖；太原一位中学生出版了一部15万字的侦探小说《夜案》，被业界誉为"中国第一部中学生侦探小说"。这些都说明我们的孩子不是天生就没有活学活用的能力，而是成人的思维禁锢了孩子的思维，或者对他们引导不够，才使孩子缺乏学以致用的意识和能力。因此，作为父母，首先要从自身出发，改变固有思维，用科学的观念和方法引导和影响孩子，帮助孩子将知识活力化，使孩子从小就懂得学用结合，树立学以致用的愿望，并能够主动、有效地将所学的知识用到生活中去。

（1）克服"包办代替"的思想，适当放手让孩子参与实践。有位教育家说得好，"做父母的最好只有一只手"，意思就是说父母对孩子不要包办得太多，要放开一只手，给孩子自由活动的空间。在许多问题上，父母要正确引导孩子自己积极主动地去解决，增长他们的信心，让他们体验到成功的喜悦。这样长久地坚持下去，既能提高孩子的实践能力，又能帮助他们养成良好的习惯。

美国心理学家戴尔说："孩子需要一定的空间去成长，去试验自己的能力，去学会如何对付危险的局势。父母不要为孩子做任何他自己能做的事。如果我们过多地做了，就剥夺了孩子发展自己的能力的机会，也剥夺了他的自立及信心。"这是符合教育规律的至理名言。

（2）鼓励孩子自主学习。自主学习是让孩子独立探索的一种学习方法，它可以提高孩子学习的主动性，增加学习的兴趣，使孩子愿学、乐学、会学。孩子在自主的学习中，本身是自愿的，又离不开动手去操作，这就可以使知识变得主动起来，也能增加孩子把所学知识运用到生活中去的愿望，进一步提高运用知识的能力。

小学阶段是确立自主学习的意识、激发自主学习的愿望、养成自主学习习惯的关键阶段，父母要通过各种途径为孩子创设形式多样的学习实践活动，让他们在自我设计、自我创造的过程中将对外部知识、经验的理解和认同乃至吸收转化为内在的活动，从而进行更有效的学习，并且变得越来越自信，越来越主动。

引导孩子在实践中学习

实践是认识的源泉，人类的一切知识，归根结底都来自实践。爱迪生每天都在动手实践，可以说他是在实践中长大的，正因为如此，他才能收获上千项发明。实践强调的是一种体验，孩子活泼好动，好奇心强，喜欢探索，而探索本身就是一种实践，父母如果能够及时发展孩子的这种天性，让他在自然、劳动、社会等实践中进行体验，获取知识，发现问题、分析问题、解决问题，那么孩子掌握的知识就是灵活的，可以随时运用到实践中，这样做还能够帮助孩子认识社会、了解社会，促进孩子的社会化进程。可见，让孩子在实践中学习，不仅能让孩子轻松地获取知识，锻炼孩子的实际操作能力，还能提高孩子的社会适应能力，对孩子良好的个性发展具有促进作用。

◆克服孩子的依赖心理

我们想想，如果一个孩子事事依赖父母，从来不去动手实践，那么他怎么可能从实践中获得知识。所以，要让孩子在实践中学习，父母首先要帮助孩子克服依赖心理，彻底拆掉他与实践之间的那道屏障，把他推向实践之中。具体怎么做呢？最好的办法就是鼓励孩子自己动手做事，不论是生活中的，还是学习上的，只要孩子自己可以做到，就让孩子自己去做。

一天，儿子遇到一道数学难题，拿去问爸爸。爸爸只给孩子说了三句话，一是"老师是怎么说的就怎么看"，二是"定义定理怎么讲的就怎么做"，三是"例题怎么运算的就怎么办"。儿子不理解爸爸的意思。爸爸耐心地告诉儿子："告诉你方法，比告诉你一百个答案都重要。如果只是告诉你答案，下次你还是不会，因为你从此对爸爸就有了依赖。"儿子听懂了爸爸的话，开始查书，最后通过看笔记、公式和例题把难题解决了。从此，儿子养成了独立做事与学习的良好习惯。

看来，孩子只有在真正独立解决问题中才能逐渐摆脱对父母的依赖，才能锻炼动手实践能力，才能懂得理论联系实践，不断提高知识的应用能力。

◆给孩子创造实践的机会

其实，生活就是实践，我们做的每一件事都是在实践。妈妈做饭是实践，爸爸养花是实践，孩子玩耍也是实践。比如，给孩子买了一双鞋，孩子一穿大小正好合适，可以引导孩子看看鞋上的尺码，孩子就会知道自己目前穿35码的鞋；家里新买了一台扫地机，可以让孩子看看说明，把它安装好，并看它如何使用。这些都是生活中的实践，而且孩子很乐于去做这样的事情，在这种实践中获得的知识也是牢固的、灵活的。

除了日常生活中随时都可以见到的实践机会，父母还可以带孩子走进大自然，让孩子观察大自然中的花草树木和各种小动物，让孩子在观察中获得知识；陪孩子下棋、做手工、读书、绘画，鼓励孩子参加学校的各类征文、演讲比赛、研究性学习等，也能为孩子的学习实践开拓更广阔的空间。

◆有意识地在实践中训练

孩子在生活中能够获得一定的知识，如果再能有意识地在实践中训练孩子掌握知识的能力，那么孩子就会对理论结合实际有更进一步的认识，为以后提高应用知识的能力奠定基础。

比如，可以让孩子在生活中认识人民币。坐车时，要用一元钱付公交车费，可以引导孩子用1个1元来付，还可以用2个5角来付……让孩子从中认识人民币的面额，帮助孩子搞清元和角之间的关系。生活中的"租车问题""打折问题"等都是孩子感兴趣而又熟悉的数学问题,都可以引导孩子通过实践来解决。

又如，孩子识字的时候，让孩子从一写到十，这时可以有意识地引导孩子说说与数字有关的词语，三心二意、十全十美、九牛一毛、七上八下等，让孩子感受到数字的奇妙与趣味。这同样是通过实践丰富孩子知识的过程。当孩子以后读书时再发现这些词语时，他会产生一种"我已经知道你们"的自信心理，并能加深对这些词语的理解。

再如，可以顺势引导，让孩子获得更多的知识。这里引用一位爸爸引导儿子的事例：晚上，全家人坐一起看电视剧《西游记》，儿子正津津有味地看着，看到动情处随口溜出一句"徒弟一定比师傅强"。听到这话，爸爸便顺势引导，肯定儿子的说法是正确的，同时告诉他，有个成语叫"青出于蓝而胜于蓝"，说的就是这个意思。而且还有一句歇后语也表示这个意思，"长江后浪推前浪，一代更比一代强"。儿子顿时恍然大悟，当时就把这些词语牢牢记住了。

另外，和孩子一起爬山，可以引导孩子把一路上的标志、路口、风景等记下来，回来绘一张地图，不仅能提高孩子的观察能力，还能培养孩子的动手操作能力，这种实践活动对孩子学以致用能力的提高具有非凡的作用。

等有一天孩子在书本里发现自己已经掌握的知识，或者是上学了后课本里出现他以前通过实践获得的知识，孩子就能更加深刻地体会到理论联系实际的重要性，明白知识最终要运用到实践中去的道理，并自觉运用所学的知识解决眼前的问题，同时能减轻孩子学习的难度。总之，生活中到处都是实践的机会，只要父母勤加引导，一定能够提高孩子动手实践的能力，并在实践中获得丰富的知识，进而培养学以致用的能力。

应用知识贵在灵活

　　秦国有个人叫孙阳，他一眼就能认出好马和劣马，人们把他叫"伯乐"。伯乐把自己认马的本领都写到一本叫作《相马经》的书里。伯乐的儿子希望自己也能像父亲那么厉害，所以就把《相马经》背得很熟。一天，伯乐的儿子在路边看见一只癞蛤蟆，便想起《相马经》中说"额头隆起、眼睛明亮、有四个大蹄子的就是好马"。"这家伙的额头隆起来，眼睛又大又亮，还有四个蹄子，不正是一匹千里马吗？"伯乐的儿子想到，于是便非常高兴地把癞蛤蟆抓回了家，对父亲说："快看，我找到了一匹好马！"伯乐哭笑不得，只好说："你抓的马太爱跳了，不好骑啊！"

　　把癞蛤蟆误认为千里马，虽然有些夸张，但它给我们的启发是很大的。它告诉我们，在学习和工作中，死背教条、生搬硬套闹出笑话算是轻一点的后果，严重时还会招致巨大损失。

　　清朝有一个姓张的读书人，满腹经纶。有一天，一群土匪到他们的村子聚众闹事，他就召集了乡兵，前去平乱。可是，在他按兵书上所说的作战示意图行事之后，初次交锋就被土匪击溃，连他自己也险些被土匪抓走。

　　还有一次，村里决定修条水渠，以解决干旱时田地的灌溉难题。他又依仗自己读过关于水利方面的书籍，自告奋勇，保证自己能让所有土地变成良田。于是，他让人按他的图纸修建水渠，结果水从乱七八糟的沟渠流进了村里，险些把村里的人全部淹死。

这个故事也嘲讽了那些一切以书为法的"书呆子"，不能对书本知识进行变通，不能把学与用结合起来，所以导致了不堪设想的后果。

前人传下来的知识，后人应该努力学习、虚心继承，但是一定要结合实际情况和具体事件，对要解决的问题进行具体分析，合理借鉴前人的经验，灵活做出变通，否则完全地照搬照用、不做取舍，只能失败。所以，这里就有一个如何灵活运用知识的问题。那么，父母应该如何做，才能帮助孩子提高运用知识的灵活性呢？

◆帮助孩子理解知识

生活中，有些孩子为了把知识装进脑中，应付考卷上的题目，不管理解不理解，都进行死记硬背。殊不知，死记硬背非常不利于灵活运用知识。因为他不知道自己所记忆的知识的背景，也不懂其中的事件与事件、事件与人物、人物与人物之间的关系，所以运用时可能会出现张冠李戴的笑话，也可能会因过于教条而生拉硬套，结果注定是失败的。

在孩子获取知识的过程中，父母要引导孩子理解知识，并在理解的基础上进行记忆。比如，碰到"七上八下"这个词语时，孩子可能不太理解意思，妈妈可以引导孩子想一想自己犯错误时的心情，让孩子体会一下那种不安的感觉，或者给孩子打一种形象的比方，让孩子想象十五只水桶，七个上八个下的那种晃悠之感，孩子就能领会。妈妈还可以趁机教孩子一个同义词——忐忑不安，还可以让孩子学会一个歇后语——十五只水桶，七上八下。有了这样深刻的理解，孩子在运用中肯定不会出错，而且会用得恰到好处。

◆帮助孩子熟练掌握知识

熟能生巧，才能灵活运用。对知识一知半解，这种水平是不能够灵活自如地运用知识的。试想，一个孩子对存款的数学知识似懂非懂，爸爸让他帮忙计算一下一笔存款的利息，他肯定不能帮好这个忙。因为他没有熟练掌握知识，一方面，对自己没有把握，怕计算错误，可能不敢帮这个忙；另一方面，即使他计算了，也不一定能计算正确。其实，任何一种知识，只有熟练掌握，才能熟练运用。

熟练掌握知识—灵活运用知识—强化完善知识，这样的循环，既能帮助孩子学习知识，又能帮助孩子理解记忆知识，还能帮助孩子学以致用，一举多得。

◆帮助孩子学会变通

知识要在变通中运用，才能收到良好的效果。这就需要在生活和学习中解放孩子的思维，让孩子知道遇到困难时懂得灵活变通。因为只有思维灵活，才能进行创新，才能避免生搬硬套带来的不利后果。

一方面，要引导孩子突破思维定式。父母应该让孩子知道，无论是生活中还是学习中，遇到困难时，如果用正常思维模式行不通，不妨转变思路，或绕一下，或反着来，说不定就找到了新的出路。当然，父母启发孩子仔细观察、认真思考是最主要的，对于明显不可能一眼就看出结果的问题，可以帮助孩子寻找更适合的方法，不能迫不及待地直扑结果。

另一方面，要发展孩子的多向思维。这种思维不死守陈旧的思想，善用创新的观念破除潜意识的误导，不被已知的事物限制思维和进步，从多个角度看问题，遇到问题能够及时转变思路。父母要让孩子懂得具体事情具体分析的道理，可以通过一些不同的方法来培养孩子的发散思维，如一题多解、一事多写、一物多用等，鼓励孩子灵活运用自己的知识和经验，用多种方法解决问题。

鼓励孩子大胆解决问题

实践不仅是知识的源泉，同时又是检验知识的标准，知识最终还是要运用于实践之中，才能实现知识的价值。同样，孩子学习书本知识的最终目的也是用在现实生活中，成为自己立足于社会的基础和资本。所以，空有知识是不够的，还要学会将知识具体为实际可操作的实践，这才是学习的真正目的。

孩子通过书本获得一定的知识后，父母要鼓励孩子大胆运用所学知识解决生活中的问题，这样不仅可以加深对所学知识的理解，还可以把书本知识变成有用的东西，进而提高孩子活学活用知识的能力。

◆相信孩子能行

书本上的知识只是理论上的，要想让孩子通过实践真正将知识转化为自己的经验和财富，父母首先要相信孩子能行，这样孩子才能充满自信地去实践。

孩子年龄小，对自己的评价往往不够客观和准确，需要从父母那里获得对自己的积极评价，这时父母的鼓励与信任就显得尤为重要。如果孩子对自己没有信心，就不敢尝试或害怕失败，父母不要对此冷嘲热讽，而是要把对孩子的信任传达给孩子，帮助孩子树立"我能行"的心态，这样孩子就会带着自信去实践，并在实践中不断印证这种感觉，进而更加自信。

实践的过程是对孩子综合能力的检验，孩子不仅可以在实践中真正地发现和了解自己，还能锻炼独立精神和勇于创新的意识。因此，要想培养出知识和能力兼备的孩子，父母就要给孩子充分的信任，并把这种信任不断传达给孩子，鼓励孩子在大胆实践中发展各种能力。

◆**鼓励孩子解决生活中的问题**

生活离孩子最近，生活中的事情孩子更为熟悉，让孩子用所学知识解决生活中的问题，不仅可以提高孩子的学习兴趣，更能让孩子知道学有所用，并知道如何运用。

比如，孩子学习了平方米的知识后，家里要装修，需要铺地，爸爸可以把要买的地砖规格告诉孩子，再引导孩子测量一下家里的地面一共有多少平方米，然后请孩子帮忙算一算，爸爸一共需要买多少块地砖；学了行程问题之后，让孩子测量一下自己的速度，测一下从家到学校所用的时间，再计算出从家到学校的距离；学了比的应用之后，可让孩子自己动手按不同比例给自己配制一杯饮料，再尝尝不同的味道，看自己喜欢按哪一种比例配制出的味道。

又如，一家人星期天要郊游，让孩子算一下自己要几点起床才能赶上7：50的公交车。妈妈可以引导孩子测算洗脸、刷牙、整理床铺、收拾携带物品、准备早点、煮牛奶、吃早饭、查公交图、步行到公交站、等公交车总共需要的时间，让孩子定出自己的起床时间。这里，妈妈要注意引导孩子统筹安排时间，把能在同一时间做的事放在同一时间做，如煮牛奶的同时可以整理床铺。

再如，家里的热水器插座被烧焦了，此时，孩子正好学了焦耳定理，可以请孩子指导爸爸解决一下；家里烧水的壶用久了，壶里层结了一层白色的水碱，请孩子用学过的化学知识清除一下水碱；朋友聚会，爸爸喝酒喝多了，孩子如果能让爸爸吃水果或饮服1～2两干净的食醋，帮爸爸解酒，孩子一定十分自豪。

◆**激励孩子学以致用**

生活中，父母不仅要有意识地引导孩子将所学的知识运用到实践中，更要抓住孩子出色的表现及时鼓励并激励孩子，孩子会表现得更棒。新华网上有下面一则案例，对父母提高孩子学以致用的能力很有帮助，摘来与大家共勉。

有一位妈妈是桂林市某大学的老师，她在儿子的教育方面十分有心得。她认为，教育需要和生活结合在一起，所以她对孩子的学习成绩不是最看重，而最看重的是孩子学以致用的能力。她说："孩子能把在课堂上学到的东西运用到生活中，这就是学习的最高境界。"

为了从小培养孩子学以致用的能力，这位妈妈花了不少心思。她说："儿子7岁那年，我带着他回老家，我妹妹也回去了，当时儿子看到我跟妹妹在一起，就说我们是一对姐妹花，我当时听了一愣，虽然我没有教过儿子这个词，但是儿子居然能够脱口而出，出乎意外。"于是，她表扬了儿子，"宝贝你真棒！你知道自己去积累词语，而且能主动运用，这是良好的习惯，最难能可贵的是你还能运用得很贴切！妈妈真为你高兴！继续努力，多多积累一些佳句好段和实用的学习方法，相信你将来一定会成为一个小小语言家。"

这位妈妈说，当时儿子听了表扬乐得合不拢嘴。她认为，这样适时地鼓励并趁机提出今后努力的方向，可以让孩子明确学习知识的目的就在于运用，从而培养孩子学以致用的意识。

总之，让孩子用所学知识解决生活中的实际问题，首先要激励孩子从身边的小事做起，从最简单的事情着手，这会让孩子慢慢树立自信，然后更有信心去解决稍微复杂的问题。在实践的锻炼中，久而久之，孩子就会主动树立学以致用的意识，逐渐提高学以致用的能力。

第10章　理财能力训练

教孩子树立正确的金钱观

与外国人相比，我们中国人对孩子理财教育方面的意识较弱。他们不教孩子如何挣钱、花钱、存钱，只知道用自己的双手给孩子挣钱。他们就算不富裕，自己过得"抠门"一点，也不能少了孩子花的钱。甚至有的父母为了满足孩子的欲望，借钱给孩子花。殊不知，他们这样做确实让孩子过着衣食无忧的生活，但同时也让孩子感觉父母给他钱花是理所当然的，使孩子不知道金钱是要用自己的劳动换取的，也让孩子体会不到父母劳动的艰辛，养成花钱大手大脚、想怎么花就怎么花、想花多少就花多少的不良习惯。而这对孩子以后的成长和生活都是极为不利的，会使孩子适应不了激烈的社会竞争，甚至使孩子为了金钱而误入歧途。

石油大亨洛克菲勒认为，学会理财是孩子以后创造财富的基础，也是许多优秀品质的根本。而要训练孩子的理财能力，则首先必须从树立正确的金钱观开始。

◆金钱是用劳动换来的

如果我们问孩子："钱是从哪里来的？"不少孩子一定会说："钱是从银行取出来的。"这是因为孩子只看到了父母从银行取钱的过程，而并不真正理解钱是父母通过辛辛苦苦的工作而获得的酬劳。所以，父母首先要让孩子知道，世间没有不劳而获的道理，也不会出现天上掉馅饼的奇迹，金钱是用劳动换来的。最好的方式就是让孩子亲身体验金钱的来之不易，孩子才能真正珍惜金钱。

　　一天，父亲要把家里的传家宝传给14岁的儿子，但他有一个条件——儿子必须自己出去挣一些钱跟他换。儿子从小娇生惯养，根本不知道钱是从哪儿来的。他愁得不得了，就坐在路边哭。母亲看着心疼，就塞给孩子5块钱，让他充数。儿子把钱交给父亲，父亲说这钱不是儿子挣来的，不算数。接下来的几天，发生的事情和第一天的一样。

　　没有办法，儿子只能自己想办法挣钱。他找到一个打零工的活，干了好几天才积攒下了几毛钱。当他用双手把钱交给父亲时，父亲接过那几张破破烂烂的票子，看也没看就扔进了火塘。儿子急了，扑过去从火中把那几毛钱抢了出来，大哭着说："你不能这样做，这钱是我吃了多少苦，好不容易才挣来的。"这时，父亲的脸上露出了笑容。他对儿子说："你终于知道金钱来之不易了。现在，我可以放心地把传家宝交给你了。"

　　这虽然只是一个虚构的故事，却向我们展示了一个深刻的道理，那就是只有对来之不易的东西，人们才会珍惜。让孩子从小体会金钱是用劳动和汗水创造出来，孩子才会懂得父母的不易，才会珍惜金钱，不乱花钱。

◆生活离不开金钱

　　孩子平时的玩具、零食、文具、漂亮衣服等，父母都会准备妥当，所以孩子不知道这些东西是怎么来的，也就不懂得钱在生活中的重要性。然而，生活处处离不开金钱，没有金钱，就无法生活。父母可以带着孩子一起购物，让孩子看看买的东西是需要付钱才能属于自己的；也要让孩子知道，家里每个月用的水、电、天然气等也都是需要花钱买才能用的；大人病了或者孩子病了，要趁机告诉孩子，想治好病，就需要去医院看病和买药，而这些都是需要花的。这样做，可以让孩子知道钱在生活中是非常重要的，也能让孩子从根本上体会到父母为什么平时总要求自己省着花钱，也才能让孩子懂得更加珍惜金钱。

◆金钱不是万能的

虽然生活中不能没有金钱，但金钱却不是万能的。也就是说，不是什么东西都能用金钱买到，也不是什么东西都是可以用金钱衡量的，有的东西再多的钱都买不到。父母可以通过让孩子感受生活中的亲情，让孩子明白这个道理。比如，可以告诉孩子，"你是爸爸妈妈的宝贝，再多的钱也买不到。""外婆送给妈妈的小盒子，在别人看来也许一文不值，但在妈妈看来，它却是无价之宝，因为只要一看到它，妈妈就能想起外婆和妈妈曾经一起度过的美好日子。"我们还可以教育孩子，有的东西比金钱更重要，这时我们就要放弃金钱。比如，可以让孩子知道，"如果爸爸周末加班，会挣很多钱，可是爸爸爱我们，要跟我们一起度假，这样我们的假期就会更快乐，因为我们一家人在一起的快乐时光远比金钱更重要。"

父母还要让孩子知道，金钱可以换来很多自己喜欢的东西，但不是任何自己喜欢的东西都能用金钱来换的。比如，真诚的友谊就不能用钱换来。让孩子知道，想和别人做朋友，不是说你给人家钱人家就会和你做朋友，友谊是需要用真诚、信任等品格来赢得的。又如，信任也是不能用钱换取的，这同样要靠自己正直、诚实的品质来换得。

这样的教育，让孩子在了解金钱重要性的同时也知道了金钱的局限性。

◆教孩子正确对待财富

现在不少家庭家境富裕，甚至父母有自己的公司，或者属于名人，收入不菲。不少孩子也因此成为"富二代"，小小年纪穿着世界名牌、拿着名牌手机、开着宝马上学，甚至在学校公开炫耀自己家是多么有钱。其实，明智的父母绝不会让孩子把家庭的财富作为自己炫耀的资本。洛克菲勒是世界上第一个拥有10亿美元财产的富翁，但其子女的零用钱却少得"可怜"，而且在花钱方面要求非常严格。父母要以严肃的态度让孩子知道，家里有再多的财富，那也是父母的，不是孩子的，孩子需要自己去创造财富；同时要让孩子明白，即使是富裕家庭，也很少有一夜之间暴富的，绝大多数财产都是父母乃至祖辈经历了创业初期的艰苦奋斗才挣来的。父母可以把曾经的艰难告诉孩子，使他明白劳动创造财富的道理，教孩子懂得富裕生活来之不易。

经济条件不好的家庭，许多父母不让孩子知道家里的经济状况，怕孩子知道会缺乏自信，产生自卑心理，所以宁肯自己省吃俭用也要让孩子吃好、穿好、兜里有钱，使孩子丝毫没有家里缺钱的危机感，更不懂得什么是节俭。所以，父母应当告诉孩子自己的收入状况，让孩子不要和别人攀比，同时告诉孩子要使生活过得更好，必须付出辛勤的劳动。

让孩子管理自己的零花钱

有些父母总担心孩子不会管钱，怕孩子手里有钱就会挥霍无度，所以他们不仅在谈论金钱话题的时候故意避开孩子，也很少让孩子自己拿钱买东西，更不会给孩子零花钱，就是孩子从长辈亲友那里得到的压岁钱也要悉数上交，由父母做主。这样导致的后果就是孩子对金钱完全没有概念，就知道张口要钱买东西，不给就哭闹不止，给了就全部花光。其实，只要合理引导孩子如何花钱，不仅可以消除父母的担心，还会让孩子学会如何管理零花钱。事实上，对孩子进行理财教育，让孩子管理自己的零花钱是一个最好的开头。

◆让孩子客观地认识零花钱

教孩子使用零花钱是让孩子学会如何预算、节约和自己做出消费决定的重要手段。给孩子零花钱之前，父母可以郑重其事地和孩子商量一下，达成一个彼此满意的协议，如必须记账、合理消费、按期总结等，并且要告诉孩子，协议一旦达成，就必须严格遵守。同时，要让孩子明白，零花钱是家庭生活中的一项制度、规矩，父母不会因为他表现好就多给他，也不会因为他表现不好就少给他或不给他，更不会因为父母的情绪好坏而随意增减数量，让孩子对零花钱有一个比较客观的认识。

◆定期定额给孩子零花钱

零花钱的目的在于让孩子对钱有一个正确的认识，初步形成良好的消费观念，为以后理财奠定一个基础。专家建议，孩子6岁左右，父母可以开始给孩子零花钱，并引导他学会管自己的零花钱。

零花钱在孩子眼里是个好东西，但是父母不能因此无限制地给孩子零花钱，否则不只会白白浪费教育孩子驾驭金钱的好机会，而且可能让他变成将来的"购物狂"。父母给孩子的零花钱要适量，数额应当把握在孩子有能力支配的范围之内，要有一个具体的数目，并且有固定的时间，如每周给或每月给，便于孩子对自己的开支计划有一个明确的预期。刚开始给孩子零花钱时，数目不宜太多，随着孩子的长大，可以根据孩子具体的消费预算适当增加。

另外，对孩子的过分要求要坚决回绝，如孩子想把帮妈妈买东西后剩余的钱据为己有，这时就要给孩子讲清道理，让他主动把剩下的钱交给妈妈，否则孩子会把买东西找零的钱当成零花钱，这样会打乱给孩子零花钱的频率和数目，不利于孩子理财能力的培养。

◆引导孩子对使用零花钱做计划

零花钱使用的计划性很重要，它能让孩子知道自己应该在什么范围内进行消费，应该先买什么、后买什么，对自己的消费心中有数。比如，每月初给孩子零花钱，这个时候也要让孩子把自己一个月的消费大概预算一下，做个计划。开始时，父母可以陪孩子一起制订计划，等孩子基本上掌握了如何制订计划后，父母就可以放手，让孩子自己去做决定。但是，对于孩子执行计划的情况，父母要给予严格的监督和检查。因为孩子毕竟小，控制不住自己的购买欲望，有时候看到什么好，禁不住诱惑有可能就会打乱计划。父母的监督、检查可以起到"安全阀"的作用，可以防止孩子乱花钱，还可以培养孩子把钱用在刀刃上的良好习惯。

◆允许孩子自己决定如何花钱

孩子有了消费计划，父母就应该放手让孩子按照计划去消费，允许孩子自己决定买什么、不买什么，这样孩子会觉得自己被父母所信任，他也会带着这份信任去消费，那么他的消费一定是理性的。

当然，在孩子准备一次较大的消费行为前，父母可以给孩子一定的提示和引导，传授给孩子一些"选择性花钱"的技巧，让孩子花钱花得恰到好处。比如，孩子想买一部手机，父母可以和孩子一起对手机的价格、性能等做一些研究比较，也可以列举用这笔钱还可以购买的其他几种商品，然后由孩子选择到底买不买或者应该买哪个。

孩子最初花钱时出错，以及买东西时欠考虑都是预料中的事，应该允许他们出错。比如，让刚学会简单算术的孩子去买两支笔，回家的时候才发现，找回的钱并不是应该有的那个数，家长不应责怪他，只需说一句"没关系，慢慢来"，孩子听了以后一定会很注意。

◆引导孩子每月做总结

让孩子对自己每月的消费做个总结，一方面可以帮助孩子判断当月哪些钱花得值，哪些钱不该花，从而引导孩子买自己真正所需的物品。另一方面，可以指导孩子下个月更为合理地消费。做这个总结，首先要求孩子把每笔消费都记录下来，记录都买了些什么，花多少钱买的，然后算一算一个月一共花了多少，看看当月的钱有没有剩余，考虑如果有剩余，应该怎么处理。年幼的孩子不会写字，可以让孩子用简单的图形代替。

◆建议孩子把多余的钱存起来

孩子平时除了父母给的零花钱，还可能有压岁钱和其他人给孩子的各种礼钱，父母可以建议孩子，把花不了的钱存入银行，包括每个月剩余的零花钱，利用假期去旅游，增长知识，开阔眼界，或者在给孩子购买大件物品如电脑时，让孩子自己承担一部分费用。

我们今天教孩子学会安排10元钱的用途，明天给他10万元、100万元甚至更多的钱，他都能游刃有余地处理好。所以，在孩子对钱有了一定的概念后，及时给孩子零花钱，引导孩子学会合理消费，孩子就会逐渐学会管理自己的钱财，养成有计划消费的好习惯。

给孩子开设一个独立账户

如今的孩子，零花钱、压岁钱及各种名目的钱已经远远超出了他们的消费所需，妈妈刚开始送给孩子的那个漂亮卡通储蓄罐已经不能承担更多的使命了。这时，父母可以考虑给孩子开设一个自己的独立账户，让孩子把自己花不了的钱存入银行。这实际上是一种储蓄。储蓄是理财的基础。

如果孩子把钱总放在手里，自制力差的孩子，口袋里一有钱就想消费。而在银行开设账户，能有效控制孩子乱花钱的行为，有利于培养孩子储蓄的意识和习惯。

小灵小时候跟爷爷奶奶住在一起，平时每个月有几百块钱的零用钱。一次，10岁的小灵看见邻居的孩子有儿童电脑，她也吵着要，遭到了爸爸的拒绝。但是，她每天闹个没完。于是，爸爸想了一个办法，帮助小灵克服了这个乱花钱的坏习惯。

爸爸把小灵叫到跟前，对她说："要买电脑可以，但是爸爸没有那么多钱，不如我们合资买，你出一半，爸爸出一半。"这个办法虽然没有满足小灵的全部愿望，但至少让她有了盼头，比起完全拒绝她效果好得多。于是，爸爸带着小灵到银行开了一个账户，让她把自己没花掉的零用钱都存进去，并引导她每天节约一点钱，每个月去银行存一次。等到小灵账户里的钱存到够付电脑一半的钱时，差不多已经过了一年的时间。这时，爸爸和小灵一起把钱取出来，爸爸再添了一半的钱，给小灵买了一台电脑。

小灵存钱的过程，不只是时间在流逝的过程，这期间她不仅对钱有了进一步的认识，知道了钱不是想有就有的，懂得了买任何东西都必须经过自己的努力，而非伸出手来就可以得到这么简单，同时她还养成了定期储蓄的好习惯。看来，当孩子想买自己心仪已久的一些贵重物品时，父母可以建议他把零花钱储存起来买，确实是一个不错的主意。这样，孩子为了实现自己的某项目标，就会学会合理保管钱，尽量让钱保值、增值。

让孩子定期存钱之前，父母可以告诉他存的钱是可以增加的，可以存成活期的，也可以存成定期的，也就是说给孩子讲一些储蓄最基本的知识，然后引导孩子存钱。比如，孩子手里有550元，为了让孩子看到钱的增加，建议孩子存500，因为整数容易看出来多出的钱。过一段时间，让孩子看看自己的账户上是不是多出一点钱来，孩子一定会因此而惊呼的。在孩子一边存钱的过程中，父母可以把利息的概念，以及银行储蓄的方法、种类、利率等知识逐渐教授给孩子，并教他学会看懂存款账簿，了解账簿里的钱越多利息就会越多的道理，这种体验式的教育能让孩子对理财印象更深刻。另外，定期让孩子看到自己储蓄账户的金额，能让孩子体验到"积少成多"的乐趣，养成好的储蓄、消费习惯，还能增加孩子对储蓄等理财信息的兴趣，使孩子自发地去学习一些理财知识。

为孩子开设一个独立的银行账户，把卡和存折让孩子自己保管，有利于培养孩子的"主人翁"意识，也有助于增强孩子对"自己账户"的责任感，可以让孩子把储蓄这件事真正当成是自己的事情去做，逐渐养成良好的储蓄意识。存钱取钱时，父母最好带着孩子，让孩子知道钱是如何存到银行的，又是如何取出来的，还能让孩子明白银行的功能。

如今的金融市场上，一般各大银行的储蓄产品，如活期账户、零存整取、整存整取、定活两便等，都可以为儿童开设独立账户。一些银行还专门针对少儿推出了少儿卡，这种卡不但拥有基本的理财功能，也有积分奖励，对于孩子来说是十分有趣的。父母可以为孩子办一种这样的卡，告诉孩子卡的用途，用卡去吸引孩子储蓄，引导孩子将自己的压岁钱及零用钱存进去。这些理财产品都可以帮助父母培养孩子的理财能力。

另外，有条件的家庭可以为孩子的未来考虑，做一些投资，如投资保险、基金、股票、金银、收藏品等，当然这要和孩子商量来决定。比如，零存整取就是一个很好的理财开端。这笔钱不一定要很多，可作为孩子的教育经费，也就是说这笔钱孩子"专属专用"，一年一年积累起来，让孩子的未来有个保障。基金定投也能积少成多，是比较适合的一种理财方式，也能为孩子积累教育金。

当然，让孩子参与储蓄与投资，尤其是像基金、股票等投资方式，刚开始时有的孩子可能觉得新奇、好玩，"钱能生钱"，难免产生"兴趣"，投入过多的精力和兴趣，整日里像个财迷，甚至因此影响了学习。这时父母不要慌，孩子刚学理财，会有这么一个阶段，这跟我们学会任何一样新事物时的心态是一样的，如刚刚学会开车，就特别上瘾。父母要以淡定的态度来削弱孩子的热情，等待上瘾期慢慢过去。如果孩子长时间沉浸其中，他有可能会是理财投资高手，父母可以用理性的态度帮助他平衡理财、学习和其他活动之间的关系，在时间上平衡，在精力上平衡，通过一段时间的调适，让孩子达到正常状态。

引导孩子学会花钱

消费是理财的一个目的。手里有再多的钱，不会消费或不消费时，它就是废纸。因此，父母不仅要教会孩子如何存钱，更要教会孩子如何花钱。有人说，花钱不要教，谁都会。我们这里说的花钱，是指"会花钱"，也就是让钱花得有价值，让钱发挥它最大的意义。

比尔·盖茨说，他的钱将来一是捐献给社会，二是让子女继承。对他的子女来说，继承几十亿还是继承几百亿，差别并不大。要花一辈子都花不完，要毁几百亿都不够毁。留给孩子的财富越多，其实是剥夺他的快乐和奋斗的空间，他会躺在钱堆里不知道该干什么。这么多钱全部留给孩子，发挥不出钱的价值；倘若回馈给社会，让更多的人受益，无疑这笔钱能发挥更大的价值。所以，他要把大部分财产都捐给慈善机构，并且呼吁全世界的富翁拿出一半财产捐献给社会，这就是在发挥钱的最大价值。

当然，我们普通人的钱不像富翁那样多得花不完，但我们也能够让自己手里的钱花得有意义、有价值。钱对于孩子来说，跟对于我们成人一样有几个主要用途：一是满足自己的生活需求；二是帮助他人；三是未雨绸缪，以备不时之需。

◆ **理性地购物**

父母在引导孩子日常生活消费时，要注意让孩子树立一种理性消费的观念，该买的买，不该买的不买，不能喜欢什么就买什么，也不能想买什么就买什么，学会在购买贵重物品前货比三家、了解商品的性能等技巧，精打细算，不乱花钱，不浪费钱财。具体来说，可以让孩子在买东西之前先想一想，"我是否真的需要这个东西""我买了这个东西后能用多久就不需要了""是不是已经有了其他东西可以代替要买的东西"，这些问题可以帮助孩子认识到有些东西其实是不必要买的，可以有效地减少金钱的支出。另外，教孩子每周在固定的一天去购物，不要天天购物，购物之前列个清单，根据自己的需要去买。

父母除了供给孩子最基本的生活必需品之外，有些消费要让孩子用自己的积蓄去开支。例如，孩子想买网球拍、自行车等或去旅游，指导他用一部分储蓄进行消费，这样孩子就能体会到用自己的存款来买自己想要的东西的愉快和兴奋，而且能培养孩子有计划地管理金钱的能力。

◆力所能及地帮助他人

帮助他人，这个在现代社会中很普遍。地震、洪水、旱灾、雪灾等自然灾害发生时，要给孩子讲雪中送炭、一文钱可能救一条命的道理，要让孩子知道这时候的帮助比任何的锦上添花都具有意义，鼓励孩子拿出自己的储蓄，帮助受灾的人。

如果家庭生活比较充裕，不妨让孩子参与一些公益与慈善活动，让孩子体会钱除了可以带给自己物质享受，还可以用一些钱帮助有需要的人，快乐会增加数倍。

多年前，一个叫瑞恩的6岁男孩，在公益课上听到老师讲起非洲儿童的生活境况，"那些孩子从未见过玩具，没有足够的食物和药品，很多人甚至没有喝过清洁的水，每年都有许多儿童因喝了受污染的水而丧命……"于是，他打算给非洲小伙伴修一口井，让他们喝上干净的水。可是，修一口井要2000元，他的家庭根本拿不出那么多钱。他拿出自己全部的储蓄，还拼命地干家务活，但怎么也不能在短时间内挣够。后来，他的精神感动了不少人，在大家的帮助下，第一口"瑞恩的井"终于在乌干达建成。

这种公益事业，能让每一分钱发挥最大效用，也能让孩子体验到人与人之间应该相互帮助和分享。当然，这要视家庭条件而定，力所不能及的事情，不要勉强。

◆ **该花时则要花**

存钱的一个重要目的，就是为了将来需要的时候用的。如果孩子只知道往自己的卡里存钱，该花的钱却不花，不肯让给他人一分一毫，那说明他还没有真正明白存钱的意义。这样的孩子就属于只懂得索取、不懂得付出的人，就有守财奴的趋向。父母要跟孩子讲道理，要让他知道储蓄的一个目的就是为了未来的消费，如果只存不花，那存钱就没有任何意义，钱本身也就失去了价值。要告诉孩子，现在存钱，将来肯定是要用的，如用于帮助需要帮助的同学、用于看望老人家买礼物、用于自己上大学等，有了这些远期使用目标，孩子手里的钱到用时才能发挥最大的价值。

另外，当爸爸妈妈、爷爷奶奶、外公外婆生日的时候，或母亲节、父亲节等节日时，父母可以适时地让孩子用一点零花钱送给长辈一件小小的礼物，培养孩子该花时则要花的观念，同时培养一颗孝敬感恩的心。

小技巧教会孩子理财

教孩子理财，父母可以运用一些小技巧，让孩子感觉理财的有趣，并从中获得理财意识与理财能力。

（1）用榜样影响孩子。会理财的父母，孩子的理财能力也不会太差。如果父母在孩子面前不把钱当钱用，随意浪费金钱，那孩子也会与父母如出一辙。父母尊重金钱，尊重物质，孩子才会对得来不易的财富和物质存有敬意。所以，父母是家庭理财的演员，要随时把角色扮演好，这是非常重要的。另外，父母千万不要为钱在孩子面前争吵，否则会让孩子对金钱产生负面心理的阴影，不利于他形成健全的人格。

（2）让孩子形象地感知金钱。有时候，孩子对钱没有概念，比如上一节40分钟的钢琴课是150元，孩子不知道150元到底有多少。当孩子不专心地上钢琴课时，父母可以趁机举一个例子，让孩子理解金钱的感觉。比如，告诉孩子，上一节钢琴课的150元，如果去超市买食品，可以买一推车的食品。有机会去超市买150元的东西时，也可以让孩子看一看相当于他一节钢琴课的钱换来的物品。这样便可以让孩子感知钱的价值，让孩子明白课程的珍贵，从而好好上课。

（3）在游戏中学理财。谁说理财一定是刻板的说教，聪明的父母懂得从与孩子的日常游戏中，让孩子品尝理财的乐趣。很多孩子都玩过"大富翁"游戏，通过掷色子决定游戏中的每一步，父母可以陪孩子一起玩，享受亲子乐趣的同时，让孩子懂得理财的意义。从大富翁中可以知道人生有"机会"与"命运"，途经他人买下的地盘，要缴"过路费"，买了地还可以盖房子，盖了房子可以盖旅馆，这样可以跟别人收更多的过路费。游戏中，成为大富翁或破产，与运气有关，但更为重要的是可以培养孩子的财务规划和投资能力。当然，游戏有很多，只要适合孩子玩，并对培养孩子的理财能力有帮助，父母都可以和孩子玩。

（4）让孩子一起参与"埋单"。教孩子理财不应该放过生活的细节。比如，带着孩子去市场买东西时，可以让他帮忙付钱及找钱，一方面增加与人接触的经验，另一方面也可以让他理解买与卖的关系，让他对钱所代表的实际价值有正确的认识。再如，乘坐公交车时，让孩子去投币买票，这样他就知道空调公交车票比普通车票要贵。带孩子到饭店吃饭时，也可以让他比较一下价位、菜色，并让他提出自己的意见，这样就能让他学会精打细算。

（5）让孩子持一次家。"不当家不知柴米贵"，让孩子切实持家，就等于让他在生活中实践了理财的过程，孩子的理财能力就会得到快速的提高。父母应该尽早给孩子一次持家的机会，让他设身处地地感受一下父母持家的不容易，对金钱有一个重新的认识，以此来培养理财技能，树立健康的消费观念，养成勤俭持家的习惯。

（6）让孩子学会理智看待广告。现代社会有太多的广告，无论是对成人还是对孩子都会产生较大的影响。孩子年龄小，分不清利害，容易产生购物冲动，乱花钱，所以父母有必要让孩子知道，广告是商家说服人们购买某种商品的手段，不能作为评价商品的标准。同时，要让孩子对自己的消费行为做出理智的选择，尤其是抵御广告的诱惑。必要时，不妨带孩子到超市有意识地见识更多的商品，让孩子对同类商品的价格和质量做一下比较。一旦孩子发现广告中宣传的并不一定是最好的，或者不一定是最适合自己的东西的时候，他就可以增强对广告的识别力，就会在消费中变得更加理智。

（7）不同年龄，认知不同，教育方法也不同。专家认为，5～12岁是儿童人格发育的重要阶段，这个时期孩子的价值观正逐渐形成，理财观念的培养正当其时。在这段时期，体验式的理财教育会让孩子印象深刻。而针对不同的年龄段，则需用不同的操作方法。小学：要用好零花钱。初中：养成记账习惯。高中：尝试小额投资。大学：独立掌管资金。父母可以根据孩子所处不同年龄阶段，采取不同的方式，指导孩子掌握各年龄段的理财方法，循序渐进地培养，孩子一定会成为一个理财高手。

第11章　合作能力训练

合作是竞争的需要

"一个篱笆三个桩，一个好汉三个帮"，这是人们在生活中得出的宝贵经验。一个人有这方面的优势，在另一方面则可能存在不足，那么在不精通的领域或根本不懂得的领域，就需要在那些方面精通的人的帮助，所谓优势互补说的就是这个道理。退一万步说，即使一个人在各个领域样样精通，那他的精力也是有限的，他不可能在同一时间内干几个人的活。所以说，在现代社会竞争异常激烈的情况下，靠一个人打拼天下是不现实的，而是必须要有与人团结合作的精神，广结人缘，与人有效合作，借助他人的力量，让自己成功，也让大家成功。在我们周围，也有技术精湛、个人能力很强的人，但他们累死累活地干了一辈子，却不能出人头地，原因就是他们靠自己单打独斗，不善与他人合作，更没有"贵人"的帮助，最终被竞争的大潮所淹没。

有这样一则寓言故事，对我们很有启发意义：

一日，老虎和猴子聊天。

老虎对猴子说："听说人类是猴子变的，但我劝你们千万别变成人。"

"为什么？"猴子诧异地说，"人的衣食住行，样样比我们强。"

"真是笑话，"老虎大吼了一声，"人们哪一样比得上我？"

"先说吃吧，他们吃生的怕拉肚子，吃肉又嫌油腻，吃少了怕营养不良，吃多了又怕发胖。"

"对！对！人类的'食'真的不如你。"

猴子很服气地恭维道："那么穿衣服呢？"

"那是因为他们天生光溜溜的，不穿衣服一定会挨冻。"老虎笑着说。

"太有道理了，"猴子忍不住鼓起掌来，"但是人类有自己的房子啊！"

"他们的水泥洞，几十家用一个大门，有什么好的。"老虎接着说，"举个例子吧，只听说大楼失火，一次可烧死几十人，总没见过森林失火，老虎被烧死在洞里吧！"

"还是你们老虎高明，"猴子说，"但是，没见过你们老虎开汽车呀？"

"那是因为人类体质差，跑不快，又走不远，才开车的。而且，机器出故障不能开，油用完了不能开，上山更不能开。"

"对，对。"猴子一连说了几十个"对"。但就在这个时候，远处突然传来"砰——砰"的枪声。

"糟了，人来了，我得跑了。"老虎一溜烟儿跑进了森林深处。

"喂！"猴子大声喊道，"你不是说人类不如你吗？"

"但是，他们懂得相互帮助、团结合作啊。要不然他们的吃的、穿的、住的、汽车是怎么来的呢！"老虎的声音从远处隐约传来。

这虽然只是一则寓言故事，但它传递给我们的寓意却是极深刻的——我们的衣食住行用哪一样都是人们相互合作的结果。人类的优势在于合作，如果不懂得合作，或放弃与他人合作的机会，便会自然消失在茫茫宇宙之中。老虎可谓高大威猛，就像生活中个人能力出众的人，但是它独来独往，离群独居，所以看到人类的合作力量，就逃之夭夭。可见，合作的力量是巨大的。

俗话说，孤掌难鸣，独木不成林。如果不懂得与人合作的重要性，就会失去许多机会。

某厂长要在自己工厂的两位职员中选拔一位提升为生产科长。小安的工作能力无懈可击，很爱与各部门竞争，总想击败对方，在专业技术方面比对手小罗强。小罗的工作能力没有小安出色，但他知道如何与别的部门配合，并能与每一个人很好地合作。小罗力求在各方面配合公司的目标，常找时间去各部门看看，了解别的部门的职责和问题，借以增加自己的知识。最后，厂长提升了小罗。厂长说："小安是我们工厂最好的领班，但他的事业眼光太狭窄，把自己局限在专业中，限制了晋升的机会。如果只把自己局限在专业里，而不晓得合作的重要性，那至多不过变为一个熟练的技术人才而已。"

可见，只会竞争、不懂得合作的人，竞争能力再强，也做不了时代的弄潮儿。现在是一个激烈竞争的社会，孩子们要学会生存，拥有较强的竞争能力是必需的。但竞争与合作并不矛盾，只有善于合作，才知道怎样竞争，才能最终赢得竞争。

有位著名的国际社会学家做过一个竞争与合作关系的实验：拿一些口径不大的瓶子，在每个瓶子里放3个用线吊着的小球，瓶子的口只能使一个小球自由出入，找一些七八岁的孩子参加这个实验。每3个孩子分成一组，让他们各自拿着一个瓶子中小球的线把小球拉出来，看哪个小组能在一分钟之内把3个小球都拉出来。其他组的每个孩子都拼命地把自己的小球往外拉，结果都失败了。只有3个孩子分好先后顺序的那个组，很快把小球拉了出来。

这个故事让孩子们懂得了合作才能取胜的道理。能否与人合作，不仅关系到孩子当前的学习和生活是否愉快，也关系到他日后的人际系是否和谐融洽。会与他人合作的孩子，能与伙伴愉快地游戏，也能把事情迅速地做好；而不懂得合作的孩子，生活、学习中总会遇到很多麻烦，产生更多的困难，并且无所适从。因此，培养孩子从小树立合作意识和掌握合作技能是十分重要，也是非常必要的。

孩子缺乏分享意识难成才

生活中，有的孩子看见别的小朋友动自己的玩具，会立马上去一把抢回来；有的孩子把自己的东西捂得紧紧的，生怕别人拿走。这都是孩子缺乏分享意识的表现。分享是指将自己喜爱的物品、美好的情感体验及劳动成果与他人共享的过程，它是孩子个体亲近群体、克服自我为中心的有力手段。教育专家认为，分享的真正意义不在于外人对这个孩子的评价是大方或不抠门，而是让孩子从内心感觉到分享是一种快乐的行为，在与他人的分享过程中处理好人际关系，体会到交往中所拥有的快乐，从而达到心灵沟通的美好感受与满足人际交往的心理需求。

分享是合作的提前，孩子没有分享意识，不会与人分享，就没有人愿意与他为伴，他就很难与他人形成良好的人际关系。因为谁都不会和一个独占意识很强、自私自利、什么都不愿与他人分享的人成为朋友或合作伙伴。而分享意识不是自发的、与生俱来的，它需要后天来培养。所以，从孩子刚刚出现自我意识的时候，父母就要注意培养孩子的分享意识，这样孩子就能很容易学会与人分享，给日后的人生带来很大便利。

◆珍惜孩子分享意识的萌芽

父母可以回忆一下，是不是有一段时期，孩子总是把好吃的东西往妈妈的嘴巴里塞，有时甚至把自己嘴里的糖拿出来塞进妈妈的嘴里，或者是把好玩的玩具塞进爸爸手里，希望爸爸可以陪他一起游戏。其实，这就是孩子表现出来的最初分享行为的萌芽。可是，对于孩子的这些行为，大多数父母没有在意，更没有有意识地鼓励和赞扬孩子的分享行为，导致分享萌芽悄悄枯萎。

父母如果能对孩子的分享萌芽加以鼓励和赞许，说一些"你真是个大方的孩子""宝贝长大了，知道把自己的好吃的和妈妈分享"这类的话，并经常鼓励孩子这样做，也能让刚刚破土的幼芽存活。事实上，在孩子最初的成长中，家长能和孩子一起分享每一刻美妙的亲子时光，就是对孩子最早的分享启蒙。

◆分享从与亲人开始

有的父母认为分享是孩子与孩子之间的事，大人只能给予孩子东西，不能分享孩子的东西。这是一种错误的观念。试想，如果一个孩子把自己喜爱的物品和快乐都不能和他最亲近的人分享，那么他还能与谁分享呢？所以，父母平时要鼓励孩子把自己喜欢的东西首先与家人分享，让孩子知道好东西不只是自己喜欢，而是人人都喜欢，并让孩子感受分享的快乐。

比如，孩子喜欢吃甜甜的小蜜橘，他吃之前，妈妈可以让他先给爷爷送一个。如果爷爷一边吃一边夸赞蜜橘的味道好，并感谢孩子的慷慨，这对孩子分享意识的建立会起到积极的、正面的作用。因为孩子从爷爷吃蜜橘的快乐表情中体会到自己把蜜橘分给爷爷吃的价值，别人的快乐也感染了他的情绪，这是分享带来的快乐。这里需要注意的是，孩子给大人的时候，大人一定要接着，如果舍不得吃，可以给孩子说自己吃得太饱了，等一会儿再吃。如果大人总是给孩子说，"爷爷不吃，好东西留给宝贝孙子吃"，那么孩子还是会觉得好东西应该是他一个人的。

另外，有的成人会故意跟孩子要东西，试探孩子会不会给，而当孩子给他时，他却告诉孩子，"妈妈不是真的想要你的东西，只是想试试你舍得不舍得"，并说是逗孩子玩。成人以为这是在培养孩子的分享意识，其实不是，这是在试探孩子、忽悠孩子。这样做不仅不能培养孩子的分享意识，反而容易扼杀孩子的分享意识。所以，父母一定不要试探孩子。

◆让孩子明白分享不是失去而是互利

孩子之所以不愿与人分享，是因为他觉得分享就是失去，父母应该理解孩子这种难以割舍的"痛苦"，不要责备、批评孩子，而是要引导孩子通过亲身体验，明白分享其实不是失去，分享是一种互利。比如，可以先引导两个孩子把各自的玩具换着玩，当别人把孩子的玩具玩完归还后，要给孩子特别强调他的玩具"完璧归赵"了，让孩子知道自己的东西给别人玩一会儿后还是自己的。这时，也要让孩子把别人的玩具还给人家，同时要引导孩子体验玩别人的玩具的快乐，让孩子知道自己与别人分享了，别人也会与自己分享，而且这个过程是快乐的。在这种快乐中，孩子会慢慢树立分享意识。

◆不强迫孩子分享

不管什么事情，如果强迫孩子做，不但做不好，而且会给孩子带来伤害。分享也一样。有些父母为了让孩子和其他伙伴在一起玩，常常强迫孩子把最心爱的东西拿出来，这实际上是对孩子的不尊重，也是对孩子的一种伤害。

每个孩子最珍爱的东西不同，有的孩子可以把一辆缺了轮子的玩具汽车当作宝贝，他却可能和小朋友分享很多在大人看来很贵重的东西，但他最心爱的物品常常不舍得分享。这并不妨碍孩子分享意识的建立和完善。同样，同一件物品，孩子可以和明明分享，却不见得和安安分享，这也非常正常，如同我们可以把自己心爱的首饰拿给姐妹戴，却不见得能借给不太熟悉的朋友。

就像我们成人每天所进行的选择一样，孩子也有权选择分享的对象和分享的物品。孩子的自主选择是建立在自愿基础上的，所以他的心情是愉快的，他的分享过程就是快乐的，这种快乐同时又会促使他期待下一次的分享。这就是我们需要的真正的分享意识。

培养孩子的团队精神

孩子从出生那天开始，就处于一个"团队"之中，先是家庭，再到学校，最后还要走上社会。这中间，朋友圈子、班集体、工作集体、比赛队伍等是最经常也是参与最多的团队。看来，不论是成人还是孩子，一辈子都离不开团队，所以拥有良好的团队精神就显得尤为重要。因为只有能和大家团结协作，取长补短，依靠群体的力量，才能完成大家心中那个共同的目标——游戏中自己所处小组要获得胜利，班与班竞赛中要拿到"小红旗"，篮球比赛中自己参与的队要胜出……缺乏团队意识的孩子，即使掌握了丰富的知识，具备了出色的技能，但"独木难成林"，走上社会后，缺乏他人的帮助，无法与他人合作，难以融入社会，甚至无法去维护一个幸福的家。

　　孙悟空的故事，大家都知道。没遇到唐僧之前，孙悟空虽有通天本领，也不能真正地让人信服；而遇到唐僧之后，师徒并不一心，取经之事也异常艰难；直到后来猪八戒、沙僧也加入了团队，通过不断的磨炼和融合，他们才成为一支强大的团队，最终成功地取得了真经。去西天取经的路上，孙悟空充分发挥了自己的才能，表现出一个团队成员的优秀特质，目标明确，行动迅速，无惧困难，总是能够找到有效解决难题的方法。这就是一个成功者！

　　这个故事告诉我们，一个人的力量再大，有些事也是不能自己完成的，团队的力量才是巨大的，我们应该懂得如何建立一种互相帮助的人际关系，一起战胜困难。然而，生活中，不少父母千方百计培养孩子各方面的能力，孩子的个人素质、个人能力越来越强，但也助长了他的"个人英雄主义"思想，使孩子越来越不擅长跟别人合作，甚至没有团队意识和团队精神。

　　团队精神，指的是团结一致、互帮互助，为了一个共同的目标坚毅奋斗到底的精神，表现为沟通、协助、分享、学习、规则、创造、解决问题等。这种精神，需要在孩子小的时候就进行培养。

◆引导孩子融入集体

　　要培养团队精神，首先要融入集体，和其他人一起游戏、运动或学习。所以，父母的首要任务就是想办法让孩子参与到集体中去。如果孩子性格孤僻、畏惧集体，父母可以先和孩子一起玩一些互动游戏，如踢球，两人传球、配合，等孩子踢出感觉了，就会明白集体活动有跟独自玩不一样的快乐。有一天爸爸没空了，可以叫他试着跟别人踢，慢慢地适应和他人的互动交流，慢慢地让他喜欢集体活动，慢慢地将他送到小朋友的活动里。当孩子体会到集体活动的快乐，体会到完成整个活动的成就感、满足感时，他就会逐渐喜欢集体活动。

◆引导孩子靠拢团队

王凤国老师的文章《引导孩子靠拢团队》中有一个故事，对我们很有启发。

一个日本朋友来山东做生意，顺便把孩子也接过来学中文。孩子在学校的情况却不太好，很多同学骂他、不理他。孩子受了欺负，回去就向爸爸诉说。

爸爸听了不但没生气，反而笑了，说："你今天帮老师和同学做什么事情了吗？"孩子摇头。

爸爸说："你从今天开始，每天帮老师和同学做些事，回来以后告诉爸爸。"孩子同意了。

半个月后，爸爸再也没听到孩子回来诉苦。原来，同学们都接受了他，他和老师、同学关系搞得很好。

这位朋友关心的不是孩子吃得怎么样，学习怎么样，而是孩子是否融入了这个团队，是否为这个团队的合作努力奉献了，这对培养孩子的团队意识至关重要。这种做法很值得我们做父母的借鉴。

团队精神的核心并非只是融入集体中和别人一起玩，融入集体只是第一步，最重要的是要对集体贡献自己的能力，并让自己获得快乐，这样才能受到集体成员的尊重和认可，也才能体会到集体活动的真正价值。父母要鼓励孩子在团队活动里出力，让他明白，自己出的力帮助团队取得了很好的成果，得到了大家的肯定，让孩子自己心里也获得满足。慢慢地，孩子会在团队中找到自己的位置，明白做好自己分内事情的重要性，明白只有通过大家的共同努力，才能取得共同的成功，获得双赢，集体主义和团队意识将逐步发展。

◆在游戏中培养团队意识

游戏是孩子最喜欢的活动，它是一种对社会活动的模仿，深受孩子喜爱，因而也就能起到很好的教育效果。父母可以在游戏中有意识地培养孩子团结协作、为了小团队的荣誉而努力的精神。比如，家庭成员一起搭积木，妈妈和孩子一组，爸爸和爷爷一组，看哪个组先搭好。鼓励孩子为了胜利而努力。搭完了，可以趁机教育孩子，要赢得胜利，必须很好地配合。平时多玩这样的游戏，可以有效地让孩子懂得团结合作的重要性。

◆在比赛中培养团队精神

比赛最能够激发孩子的团队意识和集体荣誉感。父母可以鼓励孩子参加学校的各类集体比赛，如足球比赛、篮球比赛、航模比赛等，让孩子真正体会比赛中团队的力量，从而积极树立团队意识，提高团队精神。比如，参加一场足球比赛，孩子能体会到要进一个球，必须经过大家的相互配合，把球传到位，才能准确射进球门，从而懂得这不是一个人能完成的事，"个人英雄主义"是无用武之地的，逞强只会害了整个团队，进而明白要赢得整场比赛，那就更需要成员之间的默契配合和全力协作。

父母还可以鼓励孩子利用周末和家人、朋友、同学等一起进行各种比赛，帮助孩子不断强化团队意识和团队精神。

培养孩子团队精神的方法还有很多，如让孩子参加一些诸如夏令营之类的活动，孩子也能从中很好地体会到团队的力量。总之，团队精神的培养是一个长期的过程，不会一朝一夕见效，而是要形成习惯。未来的孩子一定要有团队精神，父母要注意教育孩子在团队中充分发挥自己的能力，尽最大努力获得最大的满足与快乐。

教孩子一些合作技巧

孩子年龄小，缺乏与人合作的经验，有时想与人合作，却不知道如何去做，甚至会因动手动脚引起一场"轩然大波"。这就需要父母教给孩子一些合作的技巧，指导孩子很轻松地去合作。

◆欣赏并接纳别人

孩子们在一起玩时，我们常常能听到"你真笨，不跟你玩了"这样的话。这实际告诉我们，孩子们要很好地合作，就需要发挥各自的长处，这样一件事情才能顺利完成。比如，两个孩子一起组装一个玩具车，两人分工，一个装轮子，一个装身子，如果装身子的孩子早早完成自己的任务，而装轮子的孩子迟迟不能装好，这就影响了组装整个车的速度，导致装得快的孩子就不愿意与装得慢的孩子一起合作了。但是，装得慢的孩子力气大，组装整个车的时候，需要稍用力气按或卡的任务，他则完成得非常好。所以，父母要教育孩子学会认识别人的长处，欣赏别人的长处，并接纳别人，也就是从内心深处真正地接受别人，在合作过程中利用各自的优势，弥补对方的不足，这样才能共同获得更大的效益。

父母可以通过故事并结合自己的言行让孩子逐渐地明白每个人都各有所长，各有所短。比如，一本好的书就是由作者、画家和设计师精诚合作之后的结晶。同时，让孩子明白，欣赏别人的长处不等于对自己失去信心，而是善于互相利用彼此的长处，从而达到共同的目标，实现双赢。

◆学会善解人意

善解人意就是理解他人，体谅他人，关心他人。这是一种美德，也是一种很重要的品质。会同情关心他人、理解他人情感的孩子，容易得到别人的喜爱，也能为自己的合作与交往打开一扇门。善解人意需要孩子在玩耍、学习过程中经常考虑别人的利益和需要，理解和体谅别人。父母可以教孩子站在别人的角度想问题，这是善解人意最好的办法。设身处地地为他人着想，特别能引起对他人的理解与同情之情，进而用真诚的心去关心他人，他人会非常感动，这也许会为自己赢得与他人合作的机会。

善解人意不仅有利于孩子与人合作，很多成功人士都认为它同时是领袖必备的素质之一。李开复说："做管理工作最重要的是有服务意识。好的管理不在于驾驭别人，而在于有足够的管理智慧。管理智慧就是获得下属的尊敬和信任。学会为下属着想，只有将心比心，才能赢得信任。"能不能为他人着想，代表着孩子能不能尊重他人，以及平等而有礼貌地对待他人。为他人着想看起来是一种关心他人的表现，实际上也是领导、激励他人的一种表现。人们只有感受到了领导的关心，才能够忠诚地追随着他，这种关心实际上就是一种精神上的激励。由此看来，善解人意不仅可以培养孩子的合作精神，还有培养领袖风范的妙处。

◆扔掉傲慢

人人都有虚荣心，孩子也不例外，尤其是当孩子的才华获得了别人的认同之后，孩子会在小伙伴面前变得傲慢起来，处处以高高在上的姿态对待他们，并时时炫耀自己的才能。这样做，久而久之，小伙伴们都会开始讨厌孩子，最后干脆就不再和他合作了。

如果发现孩子有傲慢的表现，可以给孩子讲道理说明这样做会带来什么样的后果。当然，父母讲道理时一定要注意技巧，不然会打击孩子的自信心。比如，可以这样给孩子说："你一直是个很优秀的孩子，尤其是在这次比赛中得了第一，这的确是你值得骄傲的事。可是，对于一个优秀的人来说，仅仅拥有能力和知识是不够的，你还需要有许多朋友来关心你、支持你，与你精诚合作。可是，你由于自己获得了赞誉便骄傲起来，总觉得自己比周围所有人都要高明，甚至看不起周围的人。其实，这种心态和做法都是最愚蠢的。因为你在为自己的将来设置障碍。要知道，如果你想在社会中成为真正有作为的人，就必须学会妥当地处理你与他人之间的关系，否则你会处处碰壁。所以，你必须扔掉你的傲慢心理，以友好的方式对待他人。这样做，你一定会赢得别人的尊重，也会有越来越多的朋友。"这样讲道理，相信孩子一定能够明白，也不会拒绝扔掉自己的傲慢。

◆强化快乐感

孩子通过与别人的合作成功，一定能感觉到发自内心的快乐感和成就感。这种感觉能激发孩子继续合作的欲望。父母可以鼓励孩子，常常想想自己通过合作获得的快乐感，或者当自己懒散、缺乏合作动力的时候，也可以想想那种快乐感，长期这么做，这种快乐感就会内化成孩子与人合作的动力，形成"合作—快乐"的关系，即看到合作，就会联想到快乐。这种关系一旦形成，孩子就会轻松与人合作，并获得良好的合作效果。

如果孩子自己常常不能明显感觉到合作带来的快乐感，父母可以有意识地让孩子想想与同伴一起友好配合地玩耍的情景，或协商，或建议，或共享，或给予帮助，并及时肯定、鼓励孩子的合作，如"你们能商量着、合作着搭，真好！""你们俩互相帮助、互相学习，配合得真好！"父母赞许的目光、肯定的语言，以及对孩子亲切的点头、跷起的大拇指等，都能使孩子受到极大的鼓励，在情绪上产生快感，心理上得到满足，从而强化合作的动机，愿意更多地、自觉地做出合作行为，这对巩固、强化合作行为及产生更多的合作行为是极其重要的。

此外，父母应注意引导孩子感受合作的成果，体验合作的愉快，并鼓励孩子自己强化快乐感，激发孩子进一步合作的内在动机，使合作行为更加稳定、自觉化。